J. HYVER

LE
Jardin des Oliviers

CONFÉRENCES

OBTENUES MÉDIANIMIQUEMENT

ET FAITES

A LA « SOCIÉTÉ DE THÉOSOPHIE DE PARIS »

Prix : 1 fr. 50

PARIS
LIBRAIRIE DES SCIENCES PSYCHIQUES
PAUL LEYMARIE, ÉDITEUR
42, RUE SAINT-JACQUES, 42

1916

Imprimerie Centrale
de l'Ouest
56-58, Rue de Saumur
La Roche-sur-Yon
(Vendée)

LE

Jardin des Oliviers

J. HYVER

LE

Jardin des Oliviers

CONFÉRENCES

OBTENUES MÉDIANIMIQUEMENT

ET FAITES

A LA « SOCIÉTÉ DE THÉOSOPHIE DE PARIS »

Prix : 1 fr. 5o

PARIS

LIBRAIRIE DES SCIENCES PSYCHIQUES

PAUL LEYMARIE, ÉDITEUR

42, RUE SAINT-JACQUES, 42

1914

AVANT-PROPOS

Ces conférences ont été obtenues média-nimiquement par Mme Hyver après quatre années pendant lesquelles sa faculté avait cessé presque complètement.

Une profession très absorbante et les soins de son intérieur laissant à Mme Hyver fort peu de loisirs, ces conférences lui furent transmises par bribes, pendant les rares instants que le médium pouvait dérober à ses occupations journalières.

Lorsqu'une conférence était achevée, Mme Hyver la recopiait au net, car les feuillets épars de l'original auraient rendu trop incommode la lecture du texte.

En recopiant il arrivait au médium que l'esprit lui faisait barrer sur le brouillon les parties qu'il voulait changer et qu'il modifiait directe-

ment sur le net. D'autres fois il faisait interca-
ler quelques lignes dans le nouveau texte.

D'une façon générale les corrections ont été
rares et toujours indépendantes de la volonté
du médium.

Ces conférences ont été dictées à Mme Hyver pour être lues à la Société Théosophique.
Bien que s'adressant à des théosophes elles
n'en sont pas moins tout à fait spirites dans
leur ensemble.

Du reste Mme Hyver est un de nos meilleurs médiums écrivains. C'est d'elle dont
M. Léon Denis fait l'éloge en ces termes dans
son ouvrage :

Dans l'invisible, spiritisme et médiumnité,
p. 298.

Mme Hyver était Mlle J. D. à l'époque où
M. Léon Denis écrivit ces lignes.

« Nous avons vu à Paris, chez la duchesse de
« P.... et en d'autres milieux, un jeune médium
« féminin, Mlle J. D. qui, dans une obscurité
« presque complète couvrait en un temps très
« court, de nombreuses pages d'une écriture
« rapide et serrée. Ces messages avaient tou-
« jours trait aux plus hautes questions de phi-
« losophie et de morale. Dans un style plein de

« grandeur ils exprimaient les plus nobles pen-
« sées. C'était un charme profond d'en en-
« tendre la lecture, et, quoique toute signature
« en fût absente, ils émanaient à n'en pouvoir
« douter, des plus brillantes intelligences de
« l'espace. »

Nous osons espérer qu'après avoir lu ces
cinq conférences le lecteur sera de l'avis de
M. Léon Denis.

A

Monsieur Victor GODET

DU HAVRE

le dévoué spirite :

Hommage de respectueuse sympathie,

J. HYVER.

I

Le Jardin des Oliviers

Sous un ciel bas, les oliviers de Gethsémanie confondent leurs troncs noirs et leur feuillage grêle dans les ténèbres.

Les disciples du Christ dorment d'un sommeil pesant qui étouffe et enchaîne leur esprit. Jésus, seul dans l'ombre, se sent étreint par la grande angoisse.

C'est en vain qu'il appelle ses disciples : « Veillez et priez avec moi. » Le sommeil clôt leur paupière et Jésus n'entend pas le murmure consolateur de leur prière dans la nuit pleine d'épouvante.

Il se sent seul, infiniment seul et infiniment faible devant l'amer calice de sa destinée. « Mon âme est triste jusqu'à la mort. »

Sa chair défaille, une sueur de sang mouille son front, et son esprit se trouble devant l'agonie morale, la grande épreuve, plus terrible que celle du Golgotha.

Ici l'âme est atteinte aux sources mêmes de son énergie par le doute, l'abandon, l'anxiété, la suprême détresse.

Tout est obscur : la terre, les arbres, le ciel, la conscience.

La lumière intérieure de l'âme semble près de s'éteindre et ne jette plus que des lueurs incertaines, et le Christ, par trois fois, laisse monter sa plainte vers le ciel.

O cruelle, cruelle Passion ! Déchirements profonds de l'être intérieur.

La chair clouée sur la croix n'est rien à côté de cette crucifixion morale; car l'âme a vaincu. Le Juste est déjà dans le ciel quand les derniers spasmes de la vie physique font frémir le bois de la croix.

Jardin des Oliviers, jardin de tristesse et d'angoisse, nous pénétrons, nous aussi, dans ton enceinte lors de notre long pèlerinage à travers tant d'existences remplies d'épreuves.

Nous y venons, menés par nos passions déçues, conduits par les affres de la misère, ou pleurant quelque créature chérie fauchée par la mort. Nous y venons encore pour y gémir sur nos amitiés ou nos amours trahis, pour y exhaler vers le ciel les plaintes de notre âme brisée par les luttes qu'il lui faut soutenir pour conquérir son affranchissement définitif.

Nous pénétrons dans le noir jardin lorsque la

richesse, les plaisirs, les honneurs, la gloire, la puissance, toutes ces vaines chimères ne nous ont laissé que déceptions.

Las de tant d'efforts inutiles qui n'ont poursuivi que des ombres, l'homme s'assied, dans la nuit, sous les oliviers de Gethsémanie.

Son âme est oppressée par la solitude. C'est en vain qu'il dit à ceux qu'il croit siens : « Veillez et priez avec moi. »

Le désert s'étend autour de lui, et nulle voix ne répond à la sienne.

Abandonné à lui-même, il sent l'inanité de tout ce qu'il a voulu si ardemment.

Ces désirs impérieux qu'il a réalisés, et à quel prix, à travers tant d'existences, du jour où il a atteint le but, le laissent abreuvé de dégoût, et les joies éphémères qu'il a goûtées avec la fortune, la volupté, la gloire, la puissance, ne lui font sentir que plus vivement le vide de son âme.

Première et rude agonie, où l'homme sent qu'il faut renoncer à tout ce qui a été le mobile de ses actions ; il voit qu'il n'a travaillé, lutté, que pour atteindre de brillants, mais décevants mirages, et son orgueil blessé lui arrache une plainte qui monte vers le ciel.

Si tu souffres, homme, c'est qu'il te faut abandonner la voie trompeuse de l'ambition et des passions pour t'élever vers la vie spirituelle.

Tant que tu n'auras pas vaincu chez toi le désir inférieur ; solitaire et désolé, tu reviendras dans la

nuit, t'asseoir sous les Oliviers et, dans la détresse
de tout ton être, constater le néant des vanités
terrestres, et t'affranchir peu à peu de la chaîne si
puissante qui te rive à la terre.

Tu es venu souvent aussi dans le mystique jardin, au cours de tes existences successives, broyé
par les implacables rouages de la vie sociale.

Tu y es venu pauvre homme, écrasé sous le poids
d'une destinée lourde de misère et d'injustice,
gémir sur la cruauté de ton sort.

O misère! avec ton implacable esclavage, ton
cruel aiguillon qui sans relâche pousse le troupeau
humain sur la terre âpre et sauvage, tu es la grande
pourvoyeuse du noir jardin.

Qui redira les heures amères vécues par tant
d'âmes sous les tristes oliviers?

Toi, pauvre femme, ton âme erre sous les sombres
ramures pendant que tes yeux brûlés par les veilles,
comptent près du berceau de ton enfant malade,
les points de l'ouvrage qui te sera payé un salaire
de famine.

Et toi aussi père de famille, lorsque dans tes
insomnies, tu dénombres les cruelles minutes dont
le cours inflexible te rapproche sans cesse de
l'échéance fatale qui te jettera avec les tiens sur le
pavé sinistre.

Dans la nuit, tu évoques tes longues courses, tes
démarches inutiles pour trouver un travail qui te
fuit, le marchandage sordide de l'usurier qui exploite
ta misère, les visages hostiles de ceux qui craignent

que tu fasses appel à leur pitié, la morne angoisse
de ta femme et de tes petits.

O pourquoi! pourquoi tant de douleurs, une
destinée si cruelle, l'acharnement de la fatalité,
l'écrasement physique et moral sous l'étreinte
inexorable qui brise l'énergie, hébète l'intelligence,
désespère le plus courageux et le plus fort?

Pourquoi? C'est qu'il te faut apprendre la grande
loi de la solidarité. C'est qu'il faut que tu souffres
de l'indifférence et de l'injustice, que ta chair et ton
cœur soient écrasés sous la meule de l'égoïsme
social.

Il faut que tu supportes le joug du mauvais
riche, du mauvais maître, que tu travailles plus
que tes forces pour un salaire dérisoire, que ton
être physique et moral soit frappé de ces tares que
la misère imprime à ceux qu'elle touche, comme un
sceau de déchéance.

Il faut que tu connaisses ces compromissions,
ces lâchetés et quelquefois ces déshonneurs qui
sont le rachat de la faim.

Ces détresses, il faut que tu les subisses pour
en comprendre l'amertume et l'affreuse angoisse.

Toi qui souffres si cruellement aujourd'hui, hier
tu étais le mauvais riche, le maître dur et avide,
l'accapareur éhonté, l'égoïste léger et insouciant.

Pour accroître ton bien-être, satisfaire tes passions, ton goût du luxe, ta vanité, ton avarice, tu
n'as pas craint dans tes existences antérieures,
lorsque tu le pouvais, d'opprimer, de pressurer

ceux que le sort avait placés sous ta dépendance et sous ta garde.

Si tu gravis ce calvaire, c'est qu'il faut que ton âme conserve l'empreinte profonde de certaines douleurs afin que ton cœur s'ouvre à la pitié.

Il faut que dans tes existences nouvelles et plus douces, tu saches désormais à quel point le pain des autres est une chose sacrée, à quel point tu dois respecter, honorer, protéger les pauvres, les humbles, les p tits, ceux qui luttent si durement pour assurer au prix de tant d'efforts une existence incertaine et précaire.

C'est parce que l'homme, dès qu'il jouit de quelque prospérité, oublie la dure leçon, ferme l'oreille à la voix secrète de la justice et de la solidarité, que la misère s'éternise dans le monde.

Toi, qui dans ton existence actuelle ignores l'angoisse du lendemain, toi dont la vie se déroule aisée et facile à l'abri de la gêne et des privations; respecte tous ceux qui tirent leur subsistance de ton bon plaisir. Domestiques, ouvriers, employés sont dans ta main, mesure la tâche que tu donnes, le salaire que tu paies : pense souvent, très souvent, tu n'y penseras jamais trop, que tu es responsable de tous les maux dont par égoïsme ou insouciance, tu aggraves leur Karma.

Et si par malheur, tu méconnais à leur égard la justice et la solidarité, il te faudra, combien de fois, entrer dans le Jardin des Oliviers, pour y gémir dans la solitude et dans la nuit.

Il te faudra, broyé et rebroyé par la roue implacable de Karma, revivre dans une série d'existences misérables, les maux que tu as fait subir ou que tu n'as pas su empêcher, non pour te punir de ton égoïsme et de ta légèreté; mais pour t'apprendre par tes propres souffrances le prix du pain, du travail et des larmes.

L'homme vient aussi dans l'ombre du triste jardin, errer, vêtu de deuil, lorsque la mort lui ravit quelque créature chère à son cœur.

Il vient les yeux brûlés par les larmes, interroger l'inexorable destinée, et devant la fragilité de la vie humaine, chercher si au delà du tombeau, quelque chose survit de l'être adoré.

Il faut qu'il y ait des berceaux vides, que des pères, des mères, sanglotent éperdument sur les dalles d'un tombeau, que les liens les plus tendres, les plus doux, les plus forts de l'amitié soient cruellement tranchés, que les coups soudains, inattendus, déconcertants de la mort ramènent l'homme au Jardin des Oliviers, et que là, dans sa solitude morale, dans la douleur aiguë de la séparation, il sente son être frémir et se révolter contre la cruauté apparente de la destinée. Il faut qu'une voix intérieure s'élève en lui et lui crie: « Non, quelque chose survit au tombeau, non, ceux que j'ai aimés ne sont pas qu'un peu de poussière, et leur âme dégagée de la terre, plane dans quelque région lumineuse où se retrouvent ceux qui se sont aimés. »

C'est la mort qui ramène l'homme sans cesse à
ses destinées immortelles qui, au milieu de ses vanités, de ses triomphes, de ses ambitions, de ses
joies, de ses passions, lui rappelle à chaque instant
le cours fuyant, incertain de la vie humaine, et qui,
par la douleur de tant de séparations déchirantes,
le conduit peu à peu à chercher et à trouver le
grand problème de ses destinées et la preuve de son
immortalité.

Est-ce fini de souffrir, et l'homme a-t-il épuisé
le cycle de ses épreuves?

Non, il lui reste d'autres coupes amères à vider.
Il aime, et par l'amour, l'amitié, la tendresse, il
connaîtra d'autres sources de souffrances. Il connaîtra l'indifférence, la haine, l'abandon, les
trahisons, l'hypocrisie des faux serments.

Et l'âme abreuvée de tristesse, il reviendra pleu-
rer sous les oliviers de Gethsémanie.

Pourquoi faut-il que l'homme ne puisse refaire
son âme dans l'amour? Que si rares soient les sentiments vrais et les amitiés sûres?

C'est que l'homme doit apprendre à aimer; c'est
qu'il ne connaît encore l'amour qu'à travers le
prisme de sa personnalité; c'est que nous sommes
si peu évolués que chez nous, l'amour, même celui
que nous concevons comme le plus pur et le plus
désintéressé, l'amour maternel, n'est encore que la
manifestation de notre égoïsme. Et que dire des
autres formes de l'amour?

C'est nous, nous encore, nous toujours que nous aimons à travers les autres. C'est le prolongement de notre moi que nous chérissons dans l'époux, le père, le frère, le fils, l'ami.

Ceux que nous aimons, nous ne les aimons pas pour eux; mais pour nous, et c'est pour cela que dans notre égoïsme, nous voulons qu'ils soient faits à notre image et pour notre usage, et comme chacun de nous colore tous ses sentiments de sa propre personnalité, les personnalités diverses et dissemblables se heurtent, luttent entre elles et tuent l'amour. Ceux qui aiment sans chercher à être payés de retour, qui se donnent sans rien demander, et qui commencent à goûter les prémices de l'amour divin sont bien rares ici-bas.

L'incertitude, la fragilité de ses amours doivent conduire l'homme à travers le désespoir et les pleurs à l'amour impérissable, à la source féconde d'éternelle lumière dont les affections terrestres ne sont que de froids et incertains reflets.

L'homme pour atteindre à cet amour divin doit peu à peu s'élever vers des formes de l'amour spécialisé dans les êtres afin d'en goûter les joies et d'en éprouver les douleurs. Il faut qu'il connaisse les emportements fougueux de la passion et les déceptions qu'elle entraîne; il faut qu'il commence à vivre pour les autres en goûtant les joies du foyer et les douceurs de la famille, et il faut aussi qu'il voie son foyer ruiné, sa famille dispersée, qu'il souffre par l'injustice, l'indifférence, l'égoïsme des

siens; l'amour passionnel, l'amour familial ne
sont encore que des formes concrètes de l'amour,
que des prolongements en quelque sorte directs
de notre moi. Ces alternatives de joies et de
douleurs acheminent l'homme vers une conception plus haute, plus noble, plus idéale de l'amour.
Son cœur élargi se prend à aimer, à chérir une
famille plus vaste que sa famille de chair. Il étend
les liens étroits qui le rattachent à ceux de son
sang aux hommes de sa cité, aux hommes de sa
race.

A la grande famille constituée par la Patrie, il
offre le meilleur de lui-même, il est prêt sans
compter à lui sacrifier ce qu'il a de plus cher au
monde; fortune, famille, amis, travail, repos, sa
propre vie.

Pour la Patrie, il élèvera son cœur haut, très haut
dans la voie du sacrifice et du renoncement, et
déjà par elle, il communiera avec l'amour universel.

Là encore cependant, il éprouve des déceptions
et des douleurs, et par les amertumes dont il est
abreuvé, par tous les mécomptes qu'il éprouve ; il
comprend qu'il n'a point encore trouvé l'Amour
qui ne trompe pas, l'Amour pur et parfait; celui
qui n'est sujet ni aux variations, ni aux revers, et
qui brille d'un éternel éclat au sein de l'Humanité.

Cependant l'homme n'a pas encore achevé le
cycle de ses douloureuses expériences. Il ne lui
suffit pas de connaître l'inconsistance et la vanité
des gloires humaines, l'âpreté de la lutte pour la

vie, les sévères enseignements de la mort, la fragilité et l'inconstance des sentiments terrestres.

En lui, lorsqu'il commence à gravir les échelons de la vie spirituelle, se manifeste un principe élevé, le manas supérieur, ou l'intelligence supérieure. Mais dès que ce principe veut se manifester sur le plan de la vie physique, la matière aveugle qui suit sa voie et l'esprit qui cherche la sienne entrent en antagonisme et se livrent un long et rude combat.

Ce n'est point sans peine que les vibrations si subtiles du plan mental arrivent à émouvoir et à ébranler la lourde substance du cerveau physique.

Il faut que l'esprit dompte, assouplisse, dresse la matière afin d'en faire un instrument docile, capable de vibrer sous les impressions les plus élevées du plan mental.

Entre la conception d'une idée élevée et sa réalisation matérielle, il existe toute une série de transmissions délicates qui, du plan de l'intellection pure, du plan arupa, ou sans forme, amènent peu à peu la pensée, par une série de revêtements chaque fois plus concrets, jusqu'à la forme qui lui est propre sur le plan physique.

Cette aptitude à saisir et à transposer les pensées émanées des hautes régions du plan mental, en pensées qui peuvent devenir accessibles aux êtres qui vivent sur le plan physique, c'est-à-dire traduites par la parole, l'écriture ou les arts plastiques, ne s'acquiert que par un long travail évolutif, qui peu à peu met au service du manas supérieur des organes infiniment sensibles.

Mais avant que cette perfection d'organes, que cette extension des facultés soient atteintes ; que de souffrances lorsque l'homme entrevoit la lumineuse pensée dont il devine la splendeur, et qu'il ne peut arriver à exprimer !

C'est le savant qui pressent une loi nouvelle de la nature, et qui meurt désespéré sans avoir pu réaliser son intuition.

C'est l'artiste qui lutte en vain contre la matière pour traduire l'idéal entrevu, et qui, malgré ses efforts et sa persévérance, ne peut imprimer sur la toile ou sur le marbre la vision merveilleuse qu'il conçoit et ne sait exprimer.

C'est le penseur qui sent bouillonner en lui tout un monde, et dont la plume ou la parole rebelle se refuse à trouver le mot juste, la phrase adéquate à l'idée.

C'est dans tous les champs de l'activité humaine, l'effort intense pour saisir, pour rendre sensibles ces lumières fulgurantes et fugitives qui brillent d'une manière intermittente dans les ténèbres de l'intelligence humaine.

Qui peut dire les découragements succédant à l'espoir, la prostration à la fièvre créatrice, la lassitude, le dégoût, le désespoir devant la médiocrité des résultats et l'inutilité de tant d'efforts ?

Tous ceux qui ont cherché et qui cherchent à exprimer le beau par l'art ou le vrai, par la science,

ont connu ces heures décevantes où l'homme se
sent si petit et si faible devant les hautes manifestations de la pensée.

Cependant par l'effort répété, l'ardeur du désir,
par une série d'existences et d'expériences, l'homme
arrive à développer en lui ses facultés supérieures.

Il renaît grand artiste, grand savant, grand in-
venteur. Le sceau du génie est sur ses œuvres. Il
a saisi enfin la merveilleuse pensée.

La voilà prisonnière. Il l'enferme dans le marbre,
la fait palpiter sur la toile, l'enclôt dans le verbe
humain, l'arrache à la nature jalouse.

Tout frémissant, il la livre à l'Humanité !

Mais la foule indifférente passe sans voir ou
irritée par la lumière nouvelle qui inquiète sa
routine ou ses préjugés, dédaigne le don superbe,
et poursuit de sa haine mesquine, de sa sotte
envie celui dont elle sent l'intelligence supérieure
à la sienne.

Plus l'idéal est noble et pur, plus la pensée est
grande, généreuse, élevée, plus le monde inférieur
se dresse contre elle.

Alors, celui dont l'intelligence d'avant-garde a
devancé son temps ; incompris, livré aux sarcasmes,
à l'ingratitude, vient dans le Jardin des Oliviers le
cœur mordu par la douleur.

Il se sent si cruellement seul, si cruellement
méconnu, que son âme se trouble et frémit ; car elle
commence à pressentir l'angoisse divine. La pensée

l'a touchée de son aile, l'incendie allumé dans son sein ne s'éteindra plus ; l'âme est prête pour la dernière initiation.

Chaque station dans le noir jardin a marqué son empreinte profonde, brisé une des attaches qui retiennent l'homme à ses personnalités transitoires. Mais, si haut qu'il soit parvenu dans les régions de l'intelligence, précurseur qui éclaire l'Humanité de son génie, ce génie tout humain est encore bien peu de chose.

Plus brillants que ces rayons qui éblouissent l'Humanité et qu'elle admire dans les œuvres de ses grands hommes quand le temps a consacré leur lumière ; sont les rayons émanés par le foyer divin de sagesse et d'amour : Buddhi-Atma qui commence à brûler dans le cœur de l'homme.

Alors, de même qu'il a lutté, travaillé pour réaliser en lui les manifestations du Manas supérieur ; il va de nouveau recommencer à souffrir et combattre pour s'identifier avec la Divinité.

C'est une lutte toute nouvelle. Jusqu'ici l'homme a surtout vécu pour lui ; maintenant il doit exclusivement vivre pour les autres.

Il lui faut entrer dans la route ardue du renoncement.

Abandonner tous les fruits de son intelligence et de son travail.

Aller vers Dieu par le sacrifice. Eliminer toute passion et tout désir. Détruire le moi illusoire et tenace pour grandir dans l'individualité indestructible et divine. Aimer toujours plus ardemment et plus efficacement tous les êtres.

Tâche immense et si rude! pleine de chutes et de rechutes.

Combien de fois la chair puissante oppresse et retient l'esprit. Combien de fois le désir naît et renaît.

Combien de fois la personnalité vaincue se relève plus forte pour presser, étouffer l'âme divine de sa robuste étreinte.

Dur est le dernier pèlerinage. Il faut mourir à tant de choses, et la forme humaine et la vie astrale de leurs doubles chaînes mêlées, rivent l'âme à l'illusion double, aux mirages trompeurs de la vie personnelle, à la fascination des forces qui meuvent les plans inférieurs.

De là, les efforts désespérés pour s'arracher à l'étreinte du monde des formes, les élans éperdus vers le divin, les chutes qui ramènent vers la terre, les illuminations soudaines qui remplissent l'âme d'espérance, les ténèbres qui lui voilent la lumière et la font douter.

C'est l'épreuve finale qui dénouera les derniers liens, qui, de renoncements en renoncements, de sacrifices en sacrifices, mènera l'homme une dernière fois au Jardin des Oliviers. Là, dans une suprême lutte, la chair définitivement vaincue abandonnera sa proie, tandis que l'esprit libéré entrera pour toujours dans l'éternelle demeure du Père Céleste.

Le Jardin des Oliviers ne symbolise pas seulement les angoisses douloureuses par lesquelles
l'homme doit s'affranchir; il symbolise aussi la
pitié et la compassion.

Lorsque Jésus brisé par la douleur élève ses
plaintes vers le ciel, un ange, un messager de compassion vient essuyer la sueur sanglante qui mouille
son front, et relever son âme défaillante.

Si le plus fort peut se troubler et défaillir, que
fera le faible?

Nous pouvons craindre qu'abandonné à lui-même
il ne succombe.

Quelle responsabilité est la nôtre devant la douleur, et combien nous devons appréhender d'avoir
trop souvent failli à notre mission consolatrice.

Nous surtout, Théosophes, qui n'ignorons plus la
loi sublime mais redoutable de Karma.

Non, Dieu ne nous tiendra pas compte de tout ce
que nous aurons appris, si nous avons oublié que le
premier de nos devoirs est d'aider nos frères.

Qui s'instruit sans agir laboure sans semer.

Peu importe que nous sachions dénombrer les
états de la matière, les plans et les sous-plans de
l'Univers; que notre intelligence infime ait tourné
et retourné sans les résoudre les grands problèmes
de la métaphysique, cherché l'origine de la substance ou du mouvement, médité sur les lois obscures de la vie; si notre science est demeurée une
science vaine qui n'a qu'enrichi notre esprit sans
agrandir notre cœur.

Pour nous, Théosophes, notre devoir à l'égard de nos semblables est d'autant plus strict que nous connaissons la loi karmique.

Pour nous plus que pour d'autres la loi sera sévère, nous n'avons plus à notre actif la circonstance atténuante de l'ignorance.

Nous devons prendre garde et veiller avec d'autant plus de soin sur nous-mêmes que nos premiers pas dans la vie qui mène à la libération sont entourés de mille pièges cachés sous les fleurs.

Ces mille pièges, c'est notre intelligence qui nous les tend ; c'est elle qui nous entraine dans les sentiers souvent dangereux de la science, lorsque le livre nous fait oublier l'acte, et que nos acquits intellectuels ne servent qu'à renforcer notre personnalité au lieu de la détruire.

Il faut se servir le plus possible de son intelligence ; mais en se tenant en garde contre elle.

L'intelligence est une faculté qui nous est donnée pour que nous arrivions par l'analyse des choses à découvrir la constitution de l'Univers.

C'est un instrument qui sépare et divise les éléments.

Mais analyser les phénomènes dont nous sommes témoins, décomposer les parties constitutives des êtres ou des choses, pour en découvrir la structure et les effets cachés ; c'est en même temps suspendre et détruire ce qui est la Vie. Nous devons nous méfier du penchant qui nous entraine à considérer l'Univers au point de vue intellectuel, car,

2

ce penchant poussé à l'excès finit par faire perdre
le sens de la vie, qui est une résultante synthétique d'effets multiples qui ne peuvent former un
tout que par leur synthèse.

Si par exemple, nous ne connaissions un animal
que par des planches anatomiques nous fournissant
les détails les plus complets sur la structure intime
de chacun des organes, nous aurions une idée très
complète de cet animal au point de vue analytique ;
mais très imparfaite au point de vue de l'animal
lui-même.

Pour que nous connaissions vraiment cet animal, il faut que nous l'ayions vu sous son aspect
synthétique : c'est-à-dire vivant et agissant ; que
nous ayions saisi sa démarche, son allure, sa physionomie, son caractère, sa personne morale.

Une fleur décomposée en ses parties constitutives
et collée sur les pages d'un herbier renseignera
notre intelligence sur ses différents éléments ; mais
nous n'aurons aucune notion vraie de la fleur elle-
même, de sa forme, de son coloris, de son parfum.
Pour cela, il faut que nous la voyions se balancer
sur sa tige, frissonner au souffle du vent, s'épanouir
à la lumière, déployer sous les chauds rayons du
soleil ses pétales couverts de rosée ; il faut que nous
la voyions naître et mourir, vivre enfin au milieu
des êtres.

Si nous n'envisageons l'Univers qu'au point de
vue purement intellectuel, nous ne ferons que de
l'analyse ; et si subtile, si poussée que soit cette

analyse, elle ne donnera jamais qu'une chose morte ; à moins que nous ne sachions refaire la synthèse de ce que nous avons décomposé ; cette synthèse, nous ne la ferons jamais par l'intelligence, nous ne pouvons la faire que par le cœur : c'est-à-dire par l'amour. Car l'amour seul est la Vie de l'Univers dont il coordonne les parties et subordonne les éléments par sa toute puissante attraction.

Prenons garde, le chemin de l'intelligence est facile et brillant. Les lumières intellectuelles sont vives, elles peuvent nous faire perdre de vue le but même de notre évolution : la destruction de la personnalité, si la culture intensive et exclusive du mental n'a pas le correctif indispensable du dévouement et du sacrifice.

Il faut nous méfier. Tout est fait pour nous attirer dans le chemin de l'intellectualité : l'agrément de la route, la variété des horizons nouveaux, la facilité avec laquelle nous recueillons le bénéfice direct de nos travaux, tout cela nous plaît, nous enchante et nous demande en réalité si peu d'efforts.

Tout autre est la voie de l'amour, de cet amour qui est l'âme du monde et qui n'engendre la vie que par un perpétuel sacrifice.

Il ne s'agit plus ici d'acquérir ; mais de renoncer : d'embellir, de parer, d'enrichir son soi ; mais de donner encore et toujours et sans compter et sans se lasser, de tout immoler au bonheur des autres.

Ici, rien ne nous sollicite, rien ne nous attire.

La route est austère et rude, à peine frayée, l'horizon invariable; chaque pas nous coûte un cruel effort, la récompense est lointaine et semble toujours s'éloigner, plus l'homme avance dans la voie du sacrifice et plus il semble qu'il reste au-dessous de sa tâche.

La voie du sacrifice est si difficile à suivre qu'elle nous effraie et que malgré notre désir de hâter la marche de notre évolution, nous ne pouvons nous décider à y poser franchement le pied; mais d'autre part nous ne pouvons nous résigner à rester immobiles; nous voulons tout au moins nous donner l'illusion que nous faisons quelque chose pour notre avancement, et avec ardeur, nous nous lançons dans le chemin de l'intellectualité, nous imaginant avoir beaucoup progressé quand nous avons acquis un certain nombre de connaissances nouvelles.

Ceci est encore un piège que nous tend la personnalité égoïste.

Nous pourrions rester des siècles à feuilleter le livre de l'Univers, en demeurant à la même place, et notre science ne serait qu'une science stérile, si elle ne nous rendait plus capables de travailler efficacement au bonheur de tous les êtres.

Il ne suffit pas de connaître à fond les règles de la syntaxe et de la rhétorique pour écrire. Un grammairien parfait peut être incapable de composer une page de texte, c'est-à-dire de donner la vie et la beauté à quelques phrases.

La science est en quelque sorte la grammaire du monde; il faut connaître la grammaire pour bien écrire; mais la connaissance des règles ne donne ni la vie, ni l'inspiration ; la grammaire, la science sont insuffisantes pour donner ce souffle sacré sans lequel tout est froid, sec et stérile.

L'intelligence sans le cœur est une lumière brillante; mais inféconde, et le cœur ne se développe pas par l'étude des lois de l'Univers et la recherche des grands problèmes de la métaphysique ; mais par la pitié, la tendresse, l'oubli de soi, par la pratique de la solidarité et du dévouement.

Renfermons-nous en nous-mêmes, et évoquons devant le témoignage de notre conscience les actes de notre vie actuelle, et surtout ceux que nous avons accomplis depuis que nous sommes devenus théosophes. Nous constaterons presque tous combien il nous a été facile d'étudier la Théosophie, et combien il nous est difficile de la vivre, et si nous poussons un peu loin notre examen de conscience, nous serons atterrés du peu de progrès que nous avons réalisés dans la voie de l'amour.

Combien de fois, dans le calme de notre paisible demeure, n'avons-nous pas avec un plaisir infini poursuivi la lecture d'un livre théosophique ou médité sur un de ces problèmes qui intéressent toute l'humanité. Avec quelle avidité n'avons-nous pas cherché à connaître une doctrine qui éclaire si vivement l'histoire, la philosophie, la science, la morale. Avec quelle ardeur nous nous sommes plongés dans cet Océan intellectuel qui embrasse toutes les grandes questions humanitaires.

Nous n'avons épargné ni notre temps, ni nos peines, nous avons pris sur nos loisirs et souvent même sur notre repos pour enrichir notre intelligence des trésors que la Théosophie lui apporte.

Que n'avons-nous travaillé pour les autres avec l'ardeur que nous avons mise à travailler pour nous!

Travailler pour les autres, que cela est dur à la nature humaine, et que nous avons de peine à accomplir même à l'égard de ceux que nous chérissons le plus, le moindre sacrifice; même pour ceux que nous aimons, il nous en coûte infiniment de renoncer à nos goûts, à nos habitudes, à nos manies même, à nos satisfactions d'intelligence, de vanité, d'intérêt, et que dire du peu que nous sommes capables d'accomplir pour l'homme qui nous est indifférent ou hostile.

Et cependant nulle doctrine n'enseigne plus complètement et plus pratiquement la solidarité et la compassion que la Théosophie.

La partie intellectuelle de la Théosophie, si merveilleuse qu'elle soit pour nous apprendre à connaître l'Univers, est bien petite à côté de cet enseignement si simple, si direct, tout d'application, et qui ne demande ni science, ni culture pour être compris; mais du cœur et de la bonne volonté.

Plus encore que le côté savant, intellectuel et un peu spécial de la doctrine théosophique, et qui

ne peut être accessible à tous ; la masse souffrante
de notre humanité a besoin de connaître la loi de
solidarité et de compassion.

Aux troubles et aux malaises sociaux, aux divisions qui partagent la famille humaine ; il faut
opposer la vivante synthèse de l'amour qui doit
unir et qui unira tous les hommes.

Si nous jetons les yeux autour de nous, nous
constatons avec tristesse que notre brillante, mais
factice civilisation, sous son apparente culture,
laisse apercevoir les manifestations sauvages et
brutales des égoïsmes particuliers ou collectifs.

Partout, nous voyons s'engager plus ou moins
ouvertement les luttes les plus acharnées entre les
divers intérêts individuels.

Partout la défiance, la convoitise, la cupidité,
l'envie, la haine, se livrent des combats sans merci
et nous nous demandons avec anxiété ce qu'il sor-
tira de ces troubles, si la solidarité rationnelle que
nous enseigne la Théosophie ne parvient pas à s'im-
planter dans les cœurs.

Ces formidables mouvements sociaux qui menacent de tout bouleverser ne feront que déplacer des
appétits et substituer un despotisme nouveau au
despotisme ancien, à moins qu'un idéal moral plus
élevé ne vienne endiguer et canaliser le flot terrible, qui bat en brèche la société actuelle.

La faim, la misère, l'injustice ont fait se révolter
des âmes ardentes et sincères qui désirent et
appellent une humanité meilleure, une société

basée sur un ordre de choses plus équitable ; mais
à côté de ces justes revendications, la jalousie, l'envie, se dressent menaçantes, poussant les masses
non à la conquête de la justice, mais à la conquête
du pouvoir ; afin d'inaugurer sous le masque de la
liberté une autre forme de la tyrannie et de l'oppression.

Le socialisme tel qu'il se manifeste ne pourra
faire œuvre durable, instaurer une société meilleure
et plus parfaite ; car il se base non sur les devoirs
réciproques des individus, mais sur la conquête de
ce qu'il appelle les droits des classes inférieures.
Or, les droits sans le correctif des devoirs ne peuvent engendrer que de nouvelles souffrances.
Changer la forme de l'état social ne modifiera en
rien les misères de la société actuelle. Les lois
ne valent que par la manière dont on les ap-
plique, et elles sont sans cesse influencées par les
mœurs.

Un peuple qui a de bonnes mœurs, quel que soit
sa législation ou son régime politique, aura toujours de bonnes lois et un bon gouvernement, la
plus sage des législations et la plus éclairée des
constitutions seront toujours faussées par des
hommes d'une moralité inférieure.

Toutes les utopies qu'on présente actuellement
pour l'amélioration de la vie sociale, si elles venaient
à être réalisées pratiquement, ne changeraient rien
à l'état de l'humanité : car la source même de son
mal : l'égoïsme, ne serait pas tarie, il se produirait

un déplacement, mais non une suppresion de la souffrance et de la misère.

Les opprimés d'hier deviendraient les oppresseurs de demain et le total des maux loin d'être diminué serait très probablement au contraire accru par les bouleversements et les révolutions.

Cette société nouvelle dont on parle tant et dont le besoin se fait impérieusement sentir, ne peut surgir ni de la lutte des classes, ni d'une refonte de l'état social à coups de décrets, ni de l'établissement de nouveaux codes ou de nouveaux règlements.

« La prétention du règlement, dit Ernest Renan, « dans l'avenir de la science, est de suppléer à « l'âme, de faire avec des hommes sans dévouement « et sans morale, ce qu'on ferait avec des hommes « dévoués et religieux : tentative impossible; on « ne simule pas la vie, des rouages si bien combi- « nés qu'ils soient, ne feront jamais qu'un auto- « mate. »

C'est pourquoi la loi extérieure n'a aucune prise sur l'individu, tant qu'elle n'est pas conforme à sa conscience, et rien ne peut fonder la société nouvelle, si cette forme sociale n'est pas déjà née dans la conscience. Un état social meilleur ne peut naître que d'une mentalité plus évoluée. Il faut d'abord que l'individu se réforme lui-même avant de songer à améliorer la société, qui n'est en réalité que la résultante des forces bonnes ou mauvaises produites par tous ses membres.

Que des ignorants attendent tout de la conquête plus ou moins brutale de leurs droits, ils sont excusables; mais rien ne peut excuser celui qui sait que tout l'avenir de l'Humanité est dans le perfectionnement journalier de ses membres, et qui néglige de travailler au bien général en ne cherchant point à combattre son égoïsme étroit qui le sépare des autres hommes.

Aucun travail de notre intelligence ne vaut l'effort accompli pour chercher à se rapprocher de ceux qui sont nos frères, et que Karma a placés sur notre route, afin que nous puissions les aider comme ils nous aident.

Nous sommes tellement aveuglés par notre personnalité, que nous regardons toujours la société comme une débitrice qui nous doit beaucoup; il ne nous vient jamais à la pensée qu'elle est en réalité notre créancière, que nous avons de lourdes dettes à payer à la collectivité humaine.

Nous n'avons rien qui ne nous vienne des autres; tout ce dont nous jouissons, depuis les objets les plus nécessaires à la vie matérielle jusqu'aux satisfactions les plus délicates que nous font éprouver les choses de l'esprit, nous le devons au travail de milliers d'êtres humains qui pour nous ont peiné, veillé, souffert; qui pour nous sont descendus dans la mine, ont traversé les mers, remué le sol, porté de lourds fardeaux, manœuvré des machines, taillé la pierre, soufflé le verre, fondu des métaux, pâli sur les livres ou cherché au prix de combien de peines, à réaliser pour nous plaire les mille aspects de l'art et de l'intelligence.

Ne croyons pas que tout ce travail soit acquitté par le salaire, et qu'avec un peu d'argent nous ayons payé notre dette sociale, non, l'argent ne paie que la valeur matérielle de l'objet et non la valeur morale du travail qu'il a coûté. Cette valeur morale n'est point une valeur marchande qui se mesure avec de l'or; mais une valeur qui se rembourse par l'amour et la reconnaissance. Nous devons aimer les autres pour tout ce qu'ils font pour nous; nous devons notre reconnaissance à tous ceux qui ont participé d'une manière ou d'une autre à tout ce dont nous jouissons; au manœuvre ignoré qui a porté les moellons de notre demeure, comme à l'artiste, au savant dont les œuvres ont concouru au développement de notre pensée, au plaisir de notre esprit.

Si nous méditions souvent sur toutes ces dettes que nous contractons journellement à l'égard de tant de frères ignorés, nous entrerions davantage dans la compréhension du devoir social, et nous commencerions à vivre plus efficacement pour nous-mêmes en pensant davantage aux autres.

Il faut que nous arrivions à être convaincus qu'aucune amélioration sociale ne pourra se réaliser tant que chacun de nous n'aura pas cherché à travailler sincèrement pour tous; ce qui est en réalité le meilleur moyen de travailler pour nous.

C'est ce que la Théosophie nous dit dans cet

admirable enseignement qui doit trancher un jour
le grand débat social, clore les luttes des classes,
briser les haines, unir les cœurs. Cette loi divine
de Karma qu'elle nous apprend à connaître est si
parfaite, que notre évolution, notre bonheur ne
peuvent être réalisés que par l'aide et le bonheur
que nous donnons à ceux que la destinée a placés
sur notre chemin.

La douleur qui sans cesse nous broie sous sa
roue, nos cruels arrêts sous les oliviers de Gethsémanie, ne sont que les moyens par lesquels Dieu
nous apprend à compatir. Il faut que nous nous
soyions trouvés abandonnés à toute notre faiblesse,
qu'à certaines heures troubles tout ait sombré autour de nous; que nous ayions senti notre âme triste
jusqu'à la mort, que nous ayions dit en vain « Veillez et priez avec moi » pour avoir compris tout le
prix de la solidarité, toute la douceur de l'aide consolatrice.

Il ne faut pas dire en voyant souffrir autour de
nous : c'est l'expiation karmique qui s'accomplit.
C'est une mauvaise raison que nous nous donnons,
afin de ne pas troubler notre égoïste quiétude.

Quel que soit le Karma d'autrui, le nôtre nous
oblige rigoureusement à la compassion et à l'aide
effective, et rien ne peut nous dispenser de l'assis-
tance que nous devons à ceux qui ont besoin de
nous.

Si nous oublions ce devoir sacré, si faute de
notre pitié celui qui souffre a vu doubler son far-

deau, si ce fardeau a outrepassé ses forces, si enfin le malheureux a succombé, nous serons responsables de sa chute, des souffrances qu'il aura subies par notre égoïsme, notre coupable indifférence.

Nous sommes tous profondément engagés dans le Karma social ; par le mal que nous avons fait, ce qui est peu de chose, par celui que nous avons laissé commettre ; ce qui est souvent plus grave, et surtout par tout le bien que nous avons négligé de faire ; ce qui est énorme. Il est relativement facile d'avoir une existence négative et de ne point faire le mal ; il est plus difficile de le combattre et il est encore plus difficile de pratiquer le bien.

Ce sont tous ces péchés par omission, que nous commettons chaque fois que nous oublions de bien faire, qui pèsent le plus lourdement sur le monde, et qui arrêtent si longtemps l'humanité dans son évolution. Et cependant, la Théosophie est là, et qui nous enseigne mille manières de travailler pour les autres.

Parmi tous les moyens d'aide qu'elle nous indique, il en est un admirable, à la portée de chacun de nous : c'est l'aide occulte, l'aide par la pensée, le désir ardent de secourir, d'assister.

J'ai eu des exemples très frappants de l'efficacité de cette aide ; soit par mon expérience personnelle, soit par celle de personnes de ma connaissance qui ont employé l'aide occulte, non seulement pour le soulagement des peines morales, mais pour obtenir la guérison de maladies ou le soulagement de

détresses matérielles que la bonne volonté de celui
qui désirait assister était insuffisante à soulager.
Cette aide par la pensée, par la prière, nous est
si facile à réaliser. Il nous suffit de quelques instants de recueillement, et notre pensée, force consolatrice et puissante, va à travers le monde, soutenir invisiblement celui que nous avons le désir de
secourir.

Cependant il ne faudrait pas croire que nous
sommes quittes envers celui qui souffre, lorsque
nous lui avons envoyé de bonnes pensées. L'aide
occulte ne nous dispense nullement de l'aide tangible et nous ne devons pas nous en remettre à la
Providence seule du soin de tirer d'affaire celui qui
a besoin de secours.

« Aide-toi, le ciel t'aidera » dit un proverbe
qu'on pourrait modifierainsi : « Aide d'abord ton
frère et le ciel l'aidera ensuite. »

Ne sommes-nous pas en effet les agents visibles
de la Providence divine, et n'est-ce point notre
plus beau rôle ici-bas que d'être les intermédiaires
de Dieu auprès de ceux qui souffrent.

Oublions le moins possible cette sublime mission que nous oublions trop, et donnons sans
compter autant que cela est en notre pouvoir; de
notre argent, de notre peine, de notre temps, pour
soutenir celui qui lutte moralement ou matériellement sur le chemin de la vie.

A l'aide occulte, à l'aide directe et matérielle, le
théosophe doit ajouter l'aide par l'exemple.

Une maxime dit : « La leçon des exemples instruit plus que celle des préceptes. » Celui qui nous mène par la main nous conduit plus sûrement que celui qui marche devant nous.

Si nous voulons entraîner nos frères et surtout les plus pauvres, les plus souffrants, les plus deshérités, ceux qui n'ont ni les loisirs, ni les moyens de participer à la haute culture théosophique, dans la seule voie qui puisse leur donner le vrai bonheur, il faut que toute notre conduite soit une démonstration vivante, très imparfaite, il est vrai ; mais suffisante de la Théosophie.

Il ne suffit pas que nous possédions à fond les doctrines théosophiques et que nous en parlions comme des docteurs pour amener à nous.

Si ces doctrines n'ont pu imprimer leur sceau moral sur tous nos actes ; nous n'accomplissons qu'une œuvre illusoire.

Il n'est que trop vrai qu'on ne juge de l'arbre que par les fruits qu'il porte.

Si la Théosophie ne peut nous rendre meilleurs ; comment pourrons-nous convaincre les autres de la supériorité de ses enseignements ; et à quoi servira toute notre érudition, si nous sommes incapables de parler ce langage du cœur qui vient seul du cœur, et que tout être peut comprendre ? car si l'intelligence a mille formes pour s'exprimer ; l'Amour n'en a qu'une, et c'est la même parole de vie qui a créé l'Univers, que les hommes répètent de générations en générations, dans l'infini de l'éternité.

Si bonne que soit la doctrine, si excellent que soit le précepte; ils ne valent que par la mise en pratique de l'exemple.

C'est par la force de nos principes, la fermeté de leur application, que nous pourrons vraiment aider les âmes hésitantes et les entraîner sur nos pas.

Il faut que ceux qui nous entourent sentent que nos âmes, au contact de la Théosophie, sont devenues plus saines, plus fortes, plus vaillantes et surtout meilleures.

L'excellence de la Théosophie ne peut se prouver d'une manière efficace que par l'amélioration morale et mentale qui s'opère chez ceux qui pratiquent ses doctrines. Les actes valent mieux que les livres. Une âme saine et forte est une puissance qui laisse rayonner en tous sens des énergies bienfaisantes.

Par la volonté, l'amour du bien, les tentatives occultes ou sensibles faites pour assister le prochain; par l'exemple d'une vie droite, laborieuse, irréprochable; par l'attrait d'une intelligence éclairée et d'un cœur généreux, *l'homme*, quel que soit son rang social, devient une force puissante qui coopère activement au progrès général.

Non, aucun de nous ne peut se dire deshérité ou inutile. Le plus humble, le plus ignoré d'entre nous, pourvu qu'il cherche simplement à vivre la Théosophie, peut accomplir des miracles.

Et peut-être que sa tâche obscurément remplie, que son travail continu et caché, aura plus compté pour l'avancement de l'Humanité que les actions retentissantes de tant de maîtres du monde, qui n'ont laissé que des lauriers flétris qui tombent en poussière, que des inscriptions vaines que le temps efface.

Puisque Karma nous a appelés à connaître la Théosophie, il faut nous dire qu'il a sonné dans notre existence, une heure qui a marqué notre entrée dans une vie plus consciente et plus haute.

Il faut que répondant à cet appel, nous nous efforcions de comprendre l'importance de notre nouvelle orientation et la gravité des responsabilités qu'elle entraîne.

Ce n'est pas seulement pour nous, pour notre satisfaction personnelle, pour répondre aux exigences de notre intelligence que l'enseignement théosophique nous a été donné; c'est afin que nous puissions nous employer plus complètement au service de l'Humanité, c'est afin de devenir dans la limite restreinte que nous tracent encore nos imperfections, des aides visibles et invisibles pour ceux que la destinée a placés sur notre route.

Il faut que nos convictions théosophiques nous aident à triompher de ces obstacles, de ces barrières fictives que les conventions sociales élèvent entre les hommes. Il faut surtout au milieu de ces luttes de classes qui menacent chaque jour d'accentuer les divisions et les haines, que nous nous efforcions de devenir les agents de plus en plus actifs de l'Évolution; c'est-à-dire de la concorde, de l'union, et que nous tâchions d'enrayer ces révolutions meurtrières qui retardent et empêchent le développement harmonique de l'Humanité.

Je le répète; c'est par l'exemple, en payant de notre personne plus encore que par le précepte, que nous pourrons travailler efficacement à détruire les défiances, abolir les haines, édifier la société nouvelle sur la base de la solidarité universelle. Nos premiers pas dans cette voie seront longtemps encore incertains et chancelants; mais, si dans notre désir de travailler pour nos frères, nous donnons tout ce que nous pouvons donner de notre argent, de notre temps, de notre travail, de notre intelligence, de notre cœur; ceux qui nous ont précédés dans le sentier de la sagesse ne nous mesureront pas à leur tour leur aide secourable.

Nous devons envisager notre existence nouvelle d'un regard ferme; car nous aurons infiniment à lutter, infiniment à souffrir avant la libération suprême.

Mais qu'importe! puisque nous savons que la douleur et l'épreuve sont le marteau avec lequel le sublime ouvrier forge nos âmes; puisque nous savons que par l'amour, le don de nous-mêmes, le sacrifice, nous pourrons peu à peu briser les entraves qui nous retiennent dans les plans inférieurs de la vie.

Pendant notre long pèlerinage à travers tant d'expériences et tant d'épreuves; il nous faudra bien souvent encore pénétrer dans le sombre Jardin des Oliviers, le cœur mordu par l'anxiété, l'âme étreinte par l'angoisse pour y subir ces intimes déchirements, ces convulsions intérieures par lesquels l'esprit use la chair et s'évade de la prison grossière des sens et des illusions trompeuses.

Puisse Karma au milieu de la solitude et des ténèbres, par un juste retour, faire briller pour nous la figure radieuse d'un messager de compassion !

Devant celui qui a connu la pitié, l'envoyé céleste se dressera dans sa lumineuse auréole pour aider l'âme chancelante à franchir le redoutable passage.

Travaillons pour tout ce qui vit et souffre, pour toutes les créatures, c'est le moyen le plus sûr de travailler pour nous. Il nous sera plus compté pour une parole de consolation que pour toute la science que nous avons pu acquérir. Tout ce que nous faisons pour nous est vain ; mais tout ce que nous faisons pour les autres nous achemine sûrement vers la Cité céleste.

Le Jardin des Oliviers croît à notre porte. Par la douleur, par la pitié, il ramène sans cesse nos pas vers l'entrée de la mystique Jérusalem. C'est sous son noir feuillage que notre âme, prête pour la suprême lutte, brisera ses derniers liens.

Victorieuse, elle franchira enfin le seuil du temple ; et, dans la lumineuse gloire de sa jeune divinité, elle viendra prendre place à la droite du Père, après avoir définitivement vaincu l'Ego inférieur par le sacrifice, l'abnégation et l'amour.

Le 4 juin 1905.

II

La Femme,
son rôle comme éducatrice

La femme est-elle inférieure, égale ou supérieure à l'homme ? Chaque théorie a ses défenseurs et ses détracteurs acharnés. Les uns et les autres soutenant leur thèse avec une égale énergie et souvent avec un égal esprit d'injustice.

Qui veut trop prouver ne prouve rien. L'homme et la femme sont des êtres très différents, créés pour des fins différentes et qu'il est impossible d'opposer l'un à l'autre en tant que rivaux.

Comme associés ils sont équivalents, et leur valeur réciproque tient justement aux qualités dissemblables qu'ils doivent mettre en action, au rôle particulier que chacun est appelé à jouer dans l'harmonie générale.

Les revendications les plus justes à leur point de départ peuvent, lorsqu'elles sont soutenues avec un esprit de particularisme, aboutir au ridicule et sombrer dans l'absurde, ce qui est la marque de certain féminisme, à mon sens très malheureux et très maladroit, qui cherche à faire de la femme non une femme intégralement développée; mais la caricature de son rival masculin.

A l'appui de ce que j'avance, permettez-moi de vous narrer une petite scène dont je fus témoin et que je considère comme tout à fait typique.

J'avais été invitée, il y a déjà longtemps, à suivre une série de conférences faites par une dame d'un certain mérite qui mettait au service du féminisme des convictions ardentes, une vaste érudition et une éloquence aussi intarissable qu'inlassable.

A l'heure dite je fus au logis de la conférencière. Celle-ci cherchait à recruter par sa propagande un nombre assez considérable de féministes zélés, pour fonder une société ; dont le but était de mettre la femme à son vrai rang et de lui restituer cette première place que l'homme occupe indûment dans la société depuis la création du monde.

« En effet, Mesdames et Messieurs, nous dit notre conférencière, dont je me permets de rétablir le discours aussi exactement que possible dans ses points essentiels; en effet, la femme est fort au-dessus de l'homme par la puissance de ses facultés intellectuelles.

Les recherches que j'ai faites dans le domaine de

l'anthropologie me permettent d'affirmer que, par rapport à l'ensemble total de sa masse cérébrale, la capacité cranienne de l'homme est très inférieure au volume du crâne de la femme. Par conséquent, l'homme ne possède à son service qu'un cerveau déprimé, si on le compare au cerveau de sa compagne et tout à fait incapable d'accomplir les hautes destinées de la race, dévolues par cela même, à la puissante intellectualité féminine.

« Depuis les origines de l'Humanité, et les crânes « trouvés au Crau-Magnon sont là pour le démon- « trer, la supériorité de la femme, au point de vue « de l'organisme cérébral, se manifeste d'une ma- « nière incontestable et je vais vous le prouver, en « citant à l'appui de ma thèse quelques chiffres plus « éloquents que tous les discours. »

Là-dessus, notre savante conférencière énuméra une liste interminable de capacités craniennes com- parées, évaluées en centimètres cubes depuis l'époque quaternaire jusqu'à nos jours, liste où l'écrasante supériorité de la cervelle féminine se trouvait déduite par un ingénieux rapport entre le volume du cerveau et le volume total du corps humain, le rapport étant établi d'une façon un peu subtile, j'avoue humblement ne pas avoir très bien compris le mécanisme d'une déduction qui me don- nait une si belle place dans la hiérarchie des êtres.

« Oui, Mesdames, reprit notre éloquente conféren- « cière, après avoir achevé la lecture un peu aride « de tous ces centimètres cubes dont le défilé à

« travers les âges ne laissait pas d'être un peu
« monotone, oui, Mesdames, cette infériorité appa-
« rente de la femme dans toutes les branches de
« l'activité humaine, tient au joug odieux que
« l'homme a imposé par un scandaleux abus de
« sa force, à un être matériellement plus faible
« que lui.

« Et si les plus grands conquérants, les plus
« grands artistes, les plus grands savants, les plus
« grands philosophes ont été des hommes, c'est
« que la femme jusqu'à ce jour, confinée par son
« tyran dans le gynécée, rabaissée aux plus viles
« occupations domestiques, n'a jamais pu donner
« libre cours aux facultés supérieures qui lui sont
« dévolues. »

A l'état de l'appartement, aux flocons de poussière qui moutonnaient sous les meubles, au pêle-
mêle des objets hétéroclites qui s'entassaient dans
tous les coins, il était facile de voir que l'ardent
champion du féminisme avait rompu avec les vul-
gaires soins imposés à son sexe par la tyrannie
masculine, pour donner libre essor à son génie.

« L'heure est venue, continua la conférencière, de
« laisser s'irradier sur le monde l'éclatante lumière
« du cerveau féminin. Tout art, toute science, toute
« philosophie doit émaner de la femme. Une occa-
« sion exceptionnelle se présente aux adeptes de
« l'émancipation féminine, et pourvu que nous
« puissions réunir un nombre suffisant d'adhé-
« rentes, nous prendrons définitivement dans le

« monde cette prémière place qui nous est due
« depuis des milliers d'années.

« Voici ce dont il s'agit : une personne riche,
« dévouée à notre cause, vient de m'offrir au centre
« de la France, un vaste territoire à seule fin d'y
« établir une colonie féminine destinée à manifes-
« ter, sous ma haute direction, toute la valeur
« intellectuelle des femmes qui en feront partie.

« Ce territoire renferme d'abondantes sources
« d'eau minérale dont l'exploitation assurera la vie
« matérielle à notre petite cité.

« Autour des constructions réservées à la partie
« commerciale de notre ville, d'élégants pavillons
« seront construits pour abriter les adhérentes, et
« au centre de la cité, s'érigera une tour symbo-
« lique : *la tour de la Raison*, où j'élirai domicile,
« en vertu de ma qualité de directrice de la
« colonie.

« Chacune de nous aura ses attributions dans
« cette ruche laborieuse destinée à élaborer le
« plus pur miel intellectuel. » (Je passe la liste de
ces innombrables attributions, il y avait de tout,
sauf bien entendu ce qui pouvait concerner les vul-
gaires occupations domestiques.)

« Afin de mettre en lumière ce que chacune de
« nous aura pu apporter au trésor commun, nous
« établirons des musées afin d'y exposer nos œuvres
« d'art, des bibliothèques où s'aligneront nos
« livres, des salles de conférences où nous pour-
« rons défendre nos idées et les propager, un

« théâtre où nous pourrons faire entendre nos
« œuvres littéraires ou musicales.

« Enfin nous créerons aussi des écoles pour y
« faire instruire les enfants de nos adhérentes dans
« les saines doctrines du vrai féminisme émanci-
« pateur et libérateur de la femme. »

Enthousiasme des fidèles. La conférencière, pour
compléter son discours, fait circuler parmi l'audi-
toire les plans, coupe, épure de la cité de *Raisonville* déjà toute édifiée sur le papier.

Un monsieur qui avait jusqu'alors écouté avec
beaucoup de déférence notre aimable colonisatrice,
s'adressant à elle d'un air légèrement inquiet ; je
crois que sa femme siégeait parmi les fidèles, lui
parla en ces termes : « Pardon, Madame, de vous
« déranger pour vous demander un renseignement
« que vous considérerez peut-être comme superflu ;
« mais qui, je l'avoue, me tient fort au cœur.

« Quelques-unes de vos adhérentes seront ma-
« riées, puisque vous faites mention des écoles
« destinées à leurs enfants. Dans votre cité, remar-
« quablement bien agencée, il n'est question que
« des attributions réservées aux femmes. Or, ces
« attributions sont si nombreuses et si variées que
« je ne vois pas bien quel sera le rôle des maris
« de vos adhérentes dans la colonie de *Raison-
« ville*. »

En effet, l'inlassable apôtre du féminisme, l'ha-
bitante de la tour de la Raison, avait totalement
oublié ces pauvres hommes. Quand on a de si vastes

projets en tête, on peut bien omettre quelques
misères.

La bonne dame resta court un instant, oh ! un
seul petit instant. « Vous savez, dit-elle, après avoir
« réfléchi à quelle besogne on pouvait employer
« ces êtres à crâne rétréci et à petite cervelle, vous
« savez que la vie matérielle de notre cité sera
« assurée par l'exploitation des sources d'eau mi-
« nérale qui se trouvent sur notre territoire ; eh
« bien ! les hommes boucheront les bouteilles et
« cloueront les caisses. »

Là-dessus, la fondatrice de *Raisonville* tourna le
dos à son interlocuteur en lui jetant un regard qui
lui prouvait clair comme le jour, que les humbles
conjoints des habitantes de la cité nouvelle n'a-
vaient rien de mieux à attendre de leurs aimables
compagnes.

Quant à moi, je partis pour ne plus revenir,
après avoir énergiquement refusé d'adhérer à ce
beau projet, malgré les plus vives objurgations de
la présidente, qui me jugeait digne d'habiter à
l'ombre de sa tour, et plaignant de tout mon cœur
les habitants des deux sexes de la future cité.

Il y a tantôt quinze ans que j'ai assisté au projet
d'érection de *Raisonville*, heureusement que ce beau
projet est encore dans les limbes, et que la tour de
la Raison attend toujours sa première pierre.

Cette petite scène dont j'affirme l'authenticité
et que j'ai rendue sans la charger, montre sous sa
forme plaisante, à quel degré de sottise et de ridi-

cule un féminisme mal compris peut entraîner ses
adeptes.

La femme qui ne voit dans le féminisme qu'un
moyen de supplanter l'homme dans son rôle social,
ne sera jamais, quoiqu'elle fasse, et malgré son
intelligence, qu'un homme manqué.

Le vrai rôle de la femme est au foyer domestique, là est son royaume, et par là, si elle le veut,
elle tient dans ses mains les destinées du monde.

L'homme règne ; mais la femme gouverne, pourvu toutefois qu'elle sache rester femme.

. La connaissance de la réincarnation et de la pluralité des existences vient trancher net ces polémiques absurdes sur la valeur respective des
deux sexes.

Puisque l'Ego, l'être réel, s'incarne tantôt dans
une forme, tantôt dans l'autre, l'intelligence qui se
manifeste est la même ; mais les moyens donnés à
cette intelligence pour se manifester sont autres.
L'individualité ne change pas, seule la personnalité
transitoire change.

A chaque forme correspond une série de qualités physiques, intellectuelles et morales qui ne
sont pas les mêmes pour chaque sexe ; mais qui
dans la pensée suprême ordonnatrice de toute
chose sont destinées à se compléter.

La femme doit chercher à exprimer dans leur
plénitude les qualités qui lui sont dévolues. Si elle
tend à substituer à ces qualités des qualités purement masculines, sa nature se trouve déviée.

Elle souffre et elle fait souffrir autour d'elle par le défaut d'harmonie et d'équilibre entre son caractère propre et ses actes. Elle manque à sa mission, se détourne de son but réel, pour son malheur et celui de la société.

Les féministes s'appuient sur le grand nombre d'œuvres artistiques ou littéraires dues de nos jours à des femmes de mérite, pour proclamer l'égalité intellectuelle des deux sexes.

Malheureusement, si les œuvres de la femme ont en partage la délicatesse, la grâce et le charme, il leur manque cette grandeur dans la conception, cette ampleur et cette puissance dans l'exécution qui caractérise les chefs-d'œuvre issus du génie masculin.

Aucun compositeur femme n'a égalé un Beethoven ou un Mozart. Quel écrivain féminin peut soutenir la comparaison avec un Shakespeare, un Molière, un Gœthe ou même un Flaubert? Est-il une seule femme artiste qui puisse rivaliser avec un Michel-Ange, un Vinci ou un Titien?

Il semble que la femme ne puisse sortir d'une honnête moyenne, et s'élever du talent jusqu'au génie dans les hautes manifestations de la vie intellectuelle.

C'est que son génie à elle est tout autre. Ses chefs-d'œuvre ne sont ni des livres, ni des tableaux, ni des monuments : ce sont des âmes.

Dieu ne l'a point créée comme l'homme pour asservir la matière; mais pour préparer obscurément au sein du foyer domestique les destinées des générations futures.

La femme, selon l'expression de Sénèque, est l'institutrice du genre humain.

« Republica damnum ant salus. »
De la République la perte ou le salut.

Oui, la femme est la perte ou le salut de la République.

Sans elle, sans la stabilité du foyer qu'elle assure, sans son rôle de dispensatrice de la dépense qui fixe la richesse domestique, et par la richesse domestique la fortune des Etats ; sans son action morale sur l'homme qu'elle conseille, dirige, inspire, soutient dans l'âpre labeur quotidien, sans sa mission providentielle à l'égard de l'enfant qu'elle crée âme et chair, la société n'existerait pas.

La famille qui est la base de la société serait impossible et l'éducation irréalisable. C'est pour l'enfant que la femme existe, c'est en vue de la maternité que le corps féminin a été construit. C'est pour servir d'intermédiaire entre l'intelligence abstraite de l'homme et la frêle intelligence de l'enfant que l'intelligence plus délicate, plus souple, plus intuitive de la femme a été organisée. C'est pour accomplir avec joie son rôle de dévouement et d'abnégation que son cœur tout d'amour a été créé.

Si l'enfant n'existait pas, un seul type d'organisme eût suffi pour permettre à l'intelligence humaine de réaliser toutes ses manifestations. Mais pour l'enfant, Dieu a fait la mère, et c'est la mère qui est toute la raison d'être de la femme.

L'enfant c'est l'avenir, c'est la future Humanité! Tel sera élevé le petit être qui dort innocent dans son berceau, tel sera l'Homme de demain.

Toute mère tient entre ses mains la paix ou la guerre du monde, le bonheur ou le malheur de l'Humanité, la grandeur ou la déchéance des nations.

Les femmes se plaignent assez souvent être très victimées par les hommes « ce sont eux qui font les lois, disent-elles, et qui nous les imposent. » Parfaitement, mais c'est vous qui faites les hommes.

Quand on constate dans une société que le niveau moral des citoyens baisse, que le sentiment du devoir s'affaiblit, que la conscience s'oblitère, que l'égoïsme domine, on peut dire : « Quelles sont « les mères qui ont élevé de tels fils, et quelles « sont les compagnes qu'ils ont associées à leur « vie? »

Une nation dont les femmes sont des femmes de foyer et de devoir est une nation forte.

Du jour où la femme, cessant d'être l'âme du foyer, devient un objet de luxe et de plaisir, du jour où elle abandonne son rôle providentiel d'éducatrice de l'enfant et de moralisatrice de l'homme; la nation est frappée de décadence.

Tant que les Romains ont pu graver sur le tombeau de leurs compagnes cette simple épitaphe qui veut dire tant de choses dans son laconisme : « Elle sut garder sa maison et filer la laine, » Rome fut grande.

Quand les filles dégénérées de la vieille République abandonnèrent le gynécée et la quenouille, il ne resta plus que l'apparence de la grandeur romaine.

Il existe actuellement, à côté d'un mouvement féministe excellent qui tend à protéger la femme et qui cherche à développer en elle toutes ses qualités féminines, afin de la rendre plus apte à devenir la vraie compagne de son mari, et l'éducatrice éclairée de ses enfants; il existe un autre courant tout à fait détestable qui, sous prétexte d'affranchir la femme, l'engage à se poser non en associée, mais en rivale de l'homme. Ce funeste féminisme, par une culture maladroite, par le développement de principes faux, aboutit, et combien les exemples sont nombreux pour le prouver, aboutit à dégoûter la femme des humbles talents domestiques qui sont sa vraie gloire, et lui fait abandonner la pratique de ces sublimes vertus : la patience, la résignation et l'abnégation qui sont peut-être les plus hautes vertus de l'âme humaine. La femme n'est pas destinée à jouer en apparence le premier rôle dans la société.

Elle est la compagne et l'associée. C'est en vue de cette association que la nature lui a donné une

intelligence moins originale que celle de l'homme ;
mais infiniment plus souple, plus capable de se
transformer selon les milieux et les circonstances.

La femme ne doit-elle pas en effet plier sa destinée à celle de son mari ? adapter les conditions
de son existence à l'existence de celui qu'elle épouse
et dont elle devient l'auxiliaire ?

C'est une marque de la prévoyance de la nature que ce manque d'originalité joint à cette faculté d'adaptation qui est le caractère propre de
l'intelligence féminine. Si la puissance intellectuelle de la femme était égale à la puissance intellectuelle de l'homme, il y aurait lutte et non association.

Il faut que la femme, disciple de l'homme, de-
vienne son interprète auprès de l'enfant, afin que
tous trois vivent au foyer de la même vie intellectuelle et morale.

Il est à remarquer aussi que le développement
de l'intelligence féminine est plus hâtif. Les filles
sont plus précoces que les garçons, elles saisissent
plus vite, sont mûres plus tôt ; mais aussi leur développement étant plus rapide est plus superficiel
et moins profond. Il faut que la nature se hâte,
que le mental féminin soit maître de tous ses
moyens à l'époque normale du mariage, au moment
où toutes les forces vives de la femme seront cap-
tées pour concourir à l'œuvre physique de la mise
au monde des enfants, et à l'œuvre morale de leur
éducation.

4

Cette infériorité du cerveau féminin est-elle une infériorité?

La femme doit-elle se considérer comme frustrée par le Créateur si elle ne peut s'élever au génie abstrait d'un Laplace ou d'un Newton, ou s'il lui est refusé de décorer la Sixtine?

Non, la haute culture intellectuelle n'est pas aussi nécessaire à la femme qu'à l'homme; elle lui est plutôt nuisible.

Si l'homme est le cerveau de l'Humanité, la femme en est le cœur.

Un satirique a dit : « Une femme qui est très instruite, l'est souvent trop. » C'est une boutade qui au fond est tout à fait juste quand chez la femme le sentiment fait place à une science aride et desséchante.

L'épouse cesse alors d'être pour son mari l'agent intime du bonheur et de la moralisation; la mère n'est plus pour son enfant qu'un pédagogue insipide et ennuyeux.

La Providence, pour permettre à la femme de remplir sa mission au foyer, lui a donné l'intuition, cette faculté de l'intelligence qui donne la vision nette des choses, sans les labeurs de la prévision.

Il faut qu'une femme soit instruite, qu'elle ait des notions claires et précises sur toutes choses; mais il ne faut pas qu'elle soit mal instruite, et que chez elle la science ne soit qu'un moyen de la détourner de son vrai rôle social.

Malheureusement, avec notre système d'instruc-

tion à outrance qu'aucune forte éducation ne vient
contrebalancer; la société est pleine d'intellectuelles très brevetées ou qui pourraient l'être, qui
considèrent comme une déchéance de surveiller le
pot-au-feu familial ou de balayer elles-mêmes le
plancher de leur maison, et qui préfèrent renoncer
au mariage (ou qui dans le mariage dédaignent de
remplir leur tâche), plutôt que de condescendre
dans un intérieur modeste, à être leur propre
servante, et surtout, oh surtout! celle de leur
mari.

Point de vue absolument faux, source d'erreurs
et de malheurs pour l'individu et la société.

La femme qui méprise les occupations domestiques est une sotte ou une dévoyée. La femme
qui est incapable de comprendre la valeur matérielle et morale de sa tâche, eût-elle tous les brevets
du monde, est un pauvre esprit, qui a peut-être
appris beaucoup de choses; mais qui a oublié d'apprendre à bien juger et à bien penser.

La bonne ménagère qui toute la journée a vaqué
à la tenue de son intérieur, veillé à l'éducation de
ses enfants, assisté son mari dans son travail, a
souvent déployé plus d'intelligence, remué plus de
graves pensées dans son cerveau, que la dame très
inutile et très oisive, bien que très intellectuelle, qui
a erré vaguement à travers les expositions d'art,
étudié les psychologues, suivi de doctes conférences, lu par pose des articles très savants qui
l'ont fait bâiller et servi dans un salon des com-

mentaires de revues sur les questions un peu rele-
vées qui sont à l'ordre du jour.

L'intelligence d'une femme n'a rien à gagner
dans l'agitation fébrile d'une vie extérieure et factice; elle a tout à gagner dans cette forte concen-
tration morale que donne la vie intérieure du foyer.
Jamais la vraie vie familiale n'a empêché une
femme supérieure d'être supérieure, jamais elle n'a
empêché une femme de bien penser et d'avoir du
talent au besoin.

On demandait un jour à la femme de grand
cœur à qui nous devons ce très beau livre : *La
Case de l'Oncle Tom*, livre qui eut sur l'opinion
publique une action telle, qu'il la gagna à la cause
des Noirs, on lui demandait à Mme Stowe comment
elle avait composé cet ouvrage qui lui avait acquis
une renommée universelle. « En surveillant le pot-
au-feu de la famille, répondit-elle. »

La femme doit accepter sans murmurer son admirable tâche.

L'Ego qui s'incarne dans un corps féminin a
d'autres devoirs à remplir, comme il a d'autres
facultés à déployer que les devoirs ou les facultés
qu'il rencontre dans une existence masculine; ce
sont ces alternances qui permettent le développement total du moi, faisant appel, tantôt à l'intelligence, tantôt au cœur. Et quand même cette alter-
nance n'existerait pas, quand même la femme ne
serait destinée qu'à être femme sans aucune
revanche masculine, sa destinée est assez haute

pour satisfaire les plus nobles ambitions et le plus légitime orgueil.

La femme élève l'homme.

« Elever » mot admirable qui est à lui seul un programme magnifique et un guide lumineux, « élever, » c'est-à-dire faire monter les âmes vers les régions d'en haut où rayonnent l'idéal, la vérité, Dieu lui-même (Nicolai).

Elever ses enfants, élever ceux qui l'entourent : telle est la mission de la femme. Elle est l'élément moralisateur des sociétés. Tous les temps, tous les peuples ont compris qu'elle était la gardienne de la morale, et les législations antiques ainsi que le sentiment moderne se trouvent d'accord, mus par le même instinct de conservation sociale, pour considérer avec raison, les fautes de la femme comme beaucoup plus graves par leurs conséquences que les fautes de l'homme.

Les fautes de la femme atteignent la société dans ses forces vives.

Sa déchéance n'est pas seulement une déchéance individuelle ; mais une déchéance sociale, par l'atteinte qu'elle porte à l'intégrité de la famille.

La famille ; c'est la cellule vitale de la société ; l'âme de cette cellule : c'est la femme, et le génie de la femme, c'est l'esprit de sacrifice et d'abnégation. C'est en vivant, non pour elle ; mais pour se dévouer corps et âme aux siens, qu'elle communique à la vie familiale cette beauté morale qui fait la grandeur des nations et des individus.

On sait très bien que la femme peut remplir certaines carrières réservées d'habitude aux hommes,
et les remplir honorablement. Une femme peut
devenir un avocat de valeur, un bon médecin, un
artiste de talent ; elle peut même aborder des pro-
fessions encore plus viriles ; témoin cette statis-
tique qui vient d'Amérique et qui signale dans cet
heureux pays : 43 femmes cochers, 5 pilotes,
10 conducteurs de chemin de fer, 82 garde-freins,
26 aiguilleurs, 185 maréchaux-ferrants, 8 construc-
teurs de chaudières, 6 charpentiers à bord de
navires, 508 machinistes, 11 fonceurs de puits
et 2 femmes couvreurs.

Est-ce un progrès que nous devons envier à la
libre Amérique ? Je ne le crois pas.

Qu'une femme poussée par la nécessité cherche
dans le travail l'indépendance morale et la dignité
de sa vie ; il faut l'admirer et la soutenir ; mais tout
en rendant justice à son courage et à son énergie,
il faut regretter qu'elle ne puisse mettre au service
d'un mari et d'enfants, les qualités qu'elle déploie
pour gagner son pain quotidien.

Si la femme peut, dans certains cas, tenir la
place d'un homme dans la vie sociale ; qui tiendra
la place de la mère au foyer ? Personne au monde
ne peut se substituer à l'épouse et à la mère.

Il est impossible, si intelligente que soit une
femme, qu'elle puisse mener à bien la tenue de son
ménage, l'éducation de ses enfants et l'exercice
d'une profession qui absorbe presque tous ses

instants, et qui la tient éloignée de son intérieur.

Pendant que la mère s'absente à heures fixes
ou pendant des journées entières, que deviennent
les petits? Ils vont à la crèche ou à l'école et
dans la rue quand la femme est pauvre; ils sont
abandonnés à une mercenaire quand le ménage est
plus aisé; c'est à peine si la mère a le temps de
s'occuper d'eux, de surveiller leur santé, de réfor-
mer leur caractère, de développer leur intelligence,
ce qu'elle ne peut faire que par un contact perpétuel
avec ses enfants.

Durant mes longues années de professorat, j'ai
été à même de constater chez bon nombre de mes
collègues les effets désastreux de cette vie hors de
la maison.

Je connais une jeune femme qui tous les jours,
de neuf heures à midi, et de deux heures à six
heures, s'absentait de chez elle pour donner des
leçons; de son côté, le mari était tenu à son bureau.
Le ménage avait deux enfants, l'un de trois ans,
l'autre de quelques mois. Tous les matins avant de
partir, la mère préparait les bouteilles de lait stéri-
lisé destinées à son bébé; puis elle s'en allait aban-
donnant ses petits aux soins d'une femme de
ménage.

Que se passait-il en l'absence de la mère? La
domestique peu scrupuleuse, ayant elle-même un
jeune enfant, prélevait dans chaque flacon une
certaine quantité de lait qu'elle remplaçait par de

l'eau prise à la fontaine. Le bébé insuffisamment nourri par un lait trop dilué avec une eau douteuse, tomba malade et faillit mourir.

La mère ayant découvert le larcin, remplaça la domestique par une autre. Cette dernière pour se débarrasser des enfants n'imagina rien de mieux que de les laisser au lit pendant toutes les absences de la maîtresse de maison qui lui assuraient l'impunité. La chose ne fut découverte que par hasard.

Je connais d'autres enfants qui, pour avoir été abandonnés à des bonnes qui n'étaient pas surveillées par suite des occupations de la mère, ont subi au contact de filles sans éducation, sans instruction et souvent sans moralité, qui étaient leurs seuls mentors, des déformations intellectuelles et morales qui pèseront sur eux toute leur vie.

Quand on a vécu beaucoup avec des enfants, comme j'ai été appelée à le faire pendant près de vingt ans, quand on a pu constater par une expérience de chaque jour appliquée à des enfants de tout âge, de toute mentalité, l'influence de l'éducation première, on peut affirmer hautement que rien au monde ne peut remplacer la mère, qu'aucune influence ne peut et ne doit se substituer à la sienne.

Que par les cruelles nécessités d'une vie sociale chaque jour plus difficile, nombre de femmes soient, malgré elles, contraintes d'abandonner le logis pour courir à l'atelier, au magasin ou au bureau, il faut les plaindre et en gémir.

Le mal qui en résulte pour la société et le bonheur des individus est incalculable. Mortalité des nourrissons, éducation négligée des enfants, abandon de l'intérieur inconfortable par le mari qui préfère le cabaret ou le café à sa maison déserte ou insuffisamment tenue, abandon pour les femmes des saines traditions familiales pour une vie toute extérieure, dislocation de la famille, état de gêne et de souffrance pour la collectivité, qui se traduit par un abaissement de la moralité et du caractère.

Au lieu de réclamer pour les femmes le bonheur inestimable de se substituer aux hommes dans toutes les carrières masculines, le droit de voter et d'être éligible, ce qui ne rendra la vie sociale ni meilleure, ni plus heureuse ; les féministes devraient chercher tous les moyens de rattacher la femme au foyer.

Ces vaines agitations qui ne tendent qu'à faire de la femme l'antagoniste de l'homme, bien loin de servir la cause des femmes, ne feront qu'amoindrir leur influence. Tant que l'homme règnera, la femme est sûre de gouverner, quoiqu'en pense mes sœurs les suffragettes ; mais du jour où la femme aura conquis ce qu'elle appelle ses droits, s'imaginera de détenir le pouvoir, elle n'en aura plus que l'illusion.

Voici une charmante page de Saint-Simon que je ne puis m'empêcher de citer tant elle a d'à propos.

« En public, dit Saint-Simon en parlant de la « duchesse de Bourgogne, elle était sérieuse,

« mesurée, respectueuse avec le roi et en timide
« bienséance avec Mme de Maintenon qu'elle n'ap-
« pelait jamais que ma tante pour confondre joli-
« ment le rang et l'amitié. En particulier causante,
« sautante, voltigeante autour d'eux : tantôt
« penchée sur le bras du fauteuil de l'un ou de
« l'autre, tantôt se jouant sur leurs genoux ; elle
« leur sautait au cou, les baisait, les embrassait,
« les caressait, les chiffonnait, leur tirait le dessous
« du menton, fouillait leurs tables, leurs papiers,
« leurs lettres, les décachetait, les lisait quelque-
« fois malgré eux, selon qu'elle les voyait en
« humeur d'en rire et parlant quelquefois dessus.
« Si libre, qu'entendant un soir, le roi et Mme de
« Maintenon parler avec affection de la cour d'An-
« gleterre, dans les commencements qu'on espéra
« la paix par la reine Anne : « Ma tante, se mit-elle
« à dire, il faut convenir qu'en Angleterre les reines
« gouvernent mieux que les rois, et savez-vous
« bien pourquoi ma tante ? » et toujours courant et
« gambadant : « C'est que sous les rois, ce sont les
« femmes qui gouvernent et ce sont les hommes
« sous les reines. » « L'admirable est qu'ils en
« rirent tous deux et qu'ils trouvèrent qu'elle
« avait raison. »

Beaucoup de femmes s'enrôlent sous la bannière
du mauvais féminisme. Non pour satisfaire à un
sentiment de justice ; mais pour échapper aux
conséquences matérielles et morales de leur destinée. Elles ne veulent plus être des femmes, parce

que leur amour-propre ou leur égoïsme leur fait repousser la vie de devoir, d'abnégation et de sacrifice qui rend si auguste la tâche de l'épouse et de la mère.

Ces revendications de droits illusoires sont emportées par cette crise d'individualisme aigu qui fait souffrir toute la société par ce désir exaspéré de conquérir le bonheur, par l'affirmation féroce du moi.

Le matérialisme supprimant les sanctions morales et spirituelles accordées par la religion à la vie humaine, a fait naître dans les âmes, cette conception fausse que l'homme est né pour satisfaire tous ses désirs, toutes ses passions, toutes ses aspirations, pour vivre sa vie à tout prix, pour exprimer son individualité coûte que coûte.

Conception qu'on retrouve dans la plupart des revendications sociales, conception qui s'exprime dans les faits et gestes du roman ou du théâtre contemporain qui ne font que refléter les sentiments ayant cours dans notre société.

On veut s'affranchir de tout lien et de toute règle. Chacun prône ses droits irréductibles, personne ne songe à ses devoirs.

Or, je conçois très bien que le rôle de la femme qui comporte surtout des devoirs, tente peu certains esprits féminins dont l'indépendance égoïste ne peut s'astreindre à l'oubli du soi. Ces pernicieuses doctrines confondent le bonheur apparent et chimérique que donne l'exaltation de la vie individuelle avec le bonheur vrai qui résulte pour la créature de l'accomplissement harmonique de sa destinée.

Chaque être est né pour réaliser certaines fins et n'est heureux que s'il est d'accord avec la loi qui a présidé à sa naissance. C'est l'harmonie intérieure que nous créons en accordant nos actes avec le but qui nous est proposé, qui nous procure la haute sérénité de l'âme, sérénité qui permet à l'homme de triompher de toutes les épreuves et de toutes les vicissitudes, seule forme du bonheur qu'ils nous est donné d'atteindre dans ce monde où toutes les joies sont éphémères, où tout fuit et se dérobe à notre étreinte : jeunesse, fortune, puissance, gloire, amour.

La femme a été créée par Dieu pour le bonheur de l'homme, pour le foyer, pour la maternité. C'est la loi du sexe. *Dura lex*, pour certaines peut-être qui préfèrent s'affranchir de la loi plutôt que de s'y soumettre, qui désertent le royaume domestique, non pour se libérer de la tyrannie masculine à laquelle elles ne peuvent sérieusement croire ; mais pour ne plus rouler ce rocher de Sisyphe qu'est la tenue d'un ménage.

Travail éternel et d'un éternel recommencement, bien plus monotone et bien plus absorbant que celui d'aucune profession ; travail incessant et qui n'est jamais fini.

Tout professionnel, la journée achevée, le bureau ou l'atelier fermé, se sent libre, il peut respirer un moment en toute sécurité.

La ménagère point, il n'y a pour elle ni fêtes, ni dimanche, ne faut-il pas chaque jour veiller aux repas, aux vêtements, au bien-être, aux plaisirs des enfants et du mari?

C'est une course perpétuelle des armoires à la cuisine, ce sont d'incessants raccommodages que ramène chaque semaine la lessive hebdomadaire, et chaque saison les changements de température qui modifient l'habillement de toute la maisonnée.

C'est le souci d'équilibrer un modique et instable budget, tout en donnant aux êtres chers qui l'entourent le maximum de bien-être et de confortable. Ce sont des douleurs et des fatigues sans cesse renouvelées autour de chaque berceau, des nuits sans sommeil après des journées d'excessif labeur; les angoisses et les veilles auprès des malades, les craintes et les inquiétudes pour l'avenir des enfants, une attention de toutes les minutes pour parer à leurs défauts et pour éveiller leur intelligence et leur cœur, une sollicitude constante pour le compagnon de peine qu'il faut soutenir, encourager, guider, inspirer, et malgré toutes ces besognes, tous ces tourments une charmante gaieté, une tranquille énergie, un calme souriant et ce quelque chose qui semble rendre faciles les tâches les plus difficiles, aimables les plus ingrates.

Heureuse la femme qui sait aimer les siens et vivre pour eux! elle a mis son bonheur dans le bonheur des autres, son foyer est un vrai foyer sa famille, une vraie famille, elle a sacrifié sa jeu-

nesse, son plaisir, ses fantaisies à son austère devoir; une telle femme suit sa loi; elle est en accord
avec elle-même, et dans son cœur tranquille règne
déjà la souveraine beauté des harmonies supérieures.

La loi qui a présidé à la création de l'Humanité
et qui a manifesté deux formes physiques pour
servir d'habitation à une même intelligence a nettement séparé le rôle respectif de l'homme et de
la femme.

La nature a dévolu à l'homme les œuvres de la
force et de l'intelligence, à la femme celles de la
beauté et de l'amour. L'homme laboure et sème,
mais la femme fait croître les germes de la vie et
de la pensée.

Aussi un proverbe de Manon dit-il : « Le champ
vaut mieux que la semence et la mère mieux que
dix mille pères. »

Oui, la mère est la terre féconde où germent les
moissons futures. C'est elle qui a reçu d'en haut
la mission supérieure de mettre au monde et d'élever l'enfant, de lui construire un corps de sa propre
substance, de former sa jeune âme au contact de
la sienne, de vivifier son jeune cœur à l'ardente
flamme de son amour.

La femme est toute-puissante comme éducatrice.

C'est elle qui dirige exclusivement l'enfant pendant les premières années de son existence, seule
période de la vie humaine où l'éducation puisse
marquer profondément son empreinte sur le caractère de l'homme.

L'enfant qui vient de naître, cette frêle créature qui respire depuis quelques instants à peine est un être complexe et plein de mystère.

Derrière lui s'agite dans l'ombre un passé formidable. Le passé physique de sa race endormi dans l'enveloppe de chair, le passé séculaire de l'humanité dont il est une parcelle, le passé séculaire de son âme.

Vers lui converge tout le faisceau des forces Karmiques qui déterminent les destinées des individus et des collectivités : Karma national, Karma familial, Karma individuel. Sa destinée mêlée aux destinées collectives, s'élabore dans l'incertitude de l'avenir. Quelle prise aura-t-on sur lui? Comment briser le réseau si serré qui semble l'opprimer irrémédiablement?

Enigme vivante et troublante que ce petit être si faible, si dénué, devenu inconscient de son avenir, de son présent même.

Bénie soit la Providence divine qui remet l'enfant débile aux mains de la mère, la faiblesse de l'enfant fera toute la force de son éducatrice.

Cette âme qui a déjà tant vécu et qui porte en elle des éléments divers, quelquefois bons, souvent médiocres, parfois mauvais ou terribles; la voici prisonnière d'un organisme nouveau, impressionnable à l'excès.

La personnalité engourdie et comme paralysée par des organes neufs qu'elle n'a jamais maniés, devient le jouet docile des forces physiques et psychiques qui vont s'exercer sur elle.

L'enfant apporte en naissant les éléments fondamentaux de son caractère vrai, qualités, défauts, facultés, tendances, aspirations, qui sont le résultat de ses acquis antérieurs. Tous ces éléments sont renfermés dans ce qui constitue l'Ego ou le vrai moi. Ce vrai moi, afin de pouvoir se manifester sur le plan physique est obligé de faire usage d'instruments capables de servir d'intermédiaires entre son intelligence et le monde sensible. Ces instruments sont le corps astral et le corps physique.

Le corps astral, enveloppe subtile, siège des sentiments et des émotions et dont la substance éminemment sensible à toutes les vibrations psychiques est puissamment impressionnée par elles, le corps physique siège des sensations et qui sert à l'Ego d'instrument pour agir sur la matière.

Le corps astral et le corps physique sont à la naissance des outils neufs n'ayant encore subi aucune action, des machines compliquées dont il faut que l'Ego apprenne le maniement difficile.

L'enfant qui naît n'a qu'un très faible contrôle sur les envelopes qui lui sont fournies par sa nouvelle incarnation. Ce n'est que peu à peu que le moi prend possession de ses nouveaux organes, qu'il les assouplit à son service, peu à peu qu'il s'identifie avec son cerveau physique et parvient à le soumettre à sa volonté.

De la naissance à la septième année environ, la vie physique et la vie astrale dominent la vie mentale, c'est-à-dire que la vie personnelle du moi est opprimée en quelque sorte par la vie extérieure des sensations et des impressions. L'enfant appartient au monde extérieur.

A partir de la septième année, le mental prend possession du cerveau, et y exerce son empire avec une force croissante.

Dès que le mental devient maître du cerveau physique, l'éducation n'a plus sur l'enfant qu'une prise indirecte; car elle se heurte à une personnalité devenue irréductible. Tout enfant qui n'est pas bien élevé de cinq à sept ans ne le sera jamais à moins d'une nature exceptionnellement bonne.

La tâche de l'éducateur n'est vraiment efficace qu'à la période où la faiblesse d'action de l'Ego permet de créer un caractère artificiel destiné à aider la nature réelle de l'enfant dans ce qu'elle a de bon, et capable de la réfréner dans ce qu'elle a de mauvais.

La création de ce caractère artificiel dépend des formes pensées qui, par l'habitude, seront implantées dans son aura et le suggestionneront ensuite pour déterminer chez lui certaines manières de penser et d'agir.

C'est l'œuvre de l'éducateur que la création de cette seconde nature destinée à rendre meilleure la première.

Toute pensée est une force subtile qui actionne

le milieu où elle a été créée. Cette force vitalisée par la répétition s'accroît en puissance comme elle s'affaiblit si rien ne vient renouveler son intensité.

Les forces-pensées ou formes-pensées semblables s'agrègent entre elles et créent autour des individus une atmosphère psychique d'une certaine nature dont ils subissent ensuite l'influence.

Le caractère national résulte d'une communauté de pensées qui s'est établie par la suite des temps entre les hommes d'une même nation, également le caractère local qui est propre à chaque province.

Chaque classe sociale, chaque profession, chaque corps de métier engendre également des formes-pensées corporatives.

Un homme de loi, un militaire, un artiste, un commerçant, un aristocrate, un ouvrier, un bourgeois, ne sentent pas et ne s'expriment pas de la même façon. Ceci est très sensible surtout dans le langage qui est le revêtement de la pensée, chaque classe, chaque corps de métier a sa langue, son argot.

Malgré les éléments particuliers de son caractère personnel, tout homme se trouve considérer les différents aspects de la vie à travers ces atmosphères psychiques diversement colorées, qui dénaturent malgré lui sa vision propre, et lui font subir les préjugés, les défauts, les qualités de sa race, de sa province, de sa caste sociale, de son corps d'état.

A la mentalité de l'individu se superpose une

mentalité secondaire, qui provient de ces sugges-
tions constantes exercées par les forces intelligentes
créées par les collectivités ; comme à son caractère
personnel peut s'adjoindre un caractère secondaire
créé par la volonté de l'éducateur.

Elever un enfant ; c'est profiter de la passivité de
son mental pendant les premières années de son
existence, pour dresser le corps physique et le
corps astral, pour imprimer au moyen de l'habitude des règles fermes et précises, qui deviendront
par la suite une suggestion puissante qui sera
comme un frein automatique au dérèglement de ses
caprices, aux écarts de sa volonté, aux tendances
irraisonnées de ses instincts.

Sans la pratique journalière de ces règles,
l'enfant croît au hasard, jouet de ses impulsions,
soumis à toutes les excitations des éléments plus
ou moins mauvais qui sont capables de l'influencer.

Son égoïsme inconscient se développe, sa volonté
ne s'exerce que pour obtenir la satisfaction de ses
désirs irraisonnés, son intelligence se fausse par le
manque de contrôle, ses qualités s'atrophient par le
manque d'exercice, ses défauts non réprimés s'am-
plifient.

Sauf des cas exceptionnels, il est toujours possible de bien élever un enfant ; c'est plus ou moins
difficile selon les natures ; mais on est sûr de
réussir si l'on s'attache à l'éducation de l'enfant
dès sa naissance. Les insuccès relatifs à l'éducation
de la plupart des enfants tiennent à ce que les

parents ont commencé trop tard; quand le petit
bonhomme ou la petite bonne femme était déjà
indisciplinable.

Un enfant n'est jamais trop petit pour être
élevé contrairement à l'avis de la plupart des
parents.

« Il est si jeune le chéri, pourquoi le gronder, il
ne sait ce qu'il fait. »

Justement, c'est parce qu'il ne sait pas ce qu'il
fait qu'il faut savoir pour lui, et régler sa vie
mentale et morale avec la même sévérité que l'on
doit régler sa vie physique si l'on veut qu'il soit
sain et bien portant.

Aux règles physiques doivent s'adjoindre l'application constante des règles morales et intellectuelles qui doivent le guider et le diriger dans sa
petite existence; alors qu'il n'agit que sous l'influence de ces impulsions.

Il faut avant toutes choses, obtenir d'un enfant
l'obéissance absolue et sans réplique, la sincérité,
l'endurance et la patience : voilà pour le caractère.
Il faut lui apprendre à être bon : voilà pour le
cœur. Il faut lui apprendre à raisonner et à penser :
voilà pour l'intelligence.

Tâche complexe et qui réclame de la part de
l'éducatrice, c'est-à-dire de la mère, une attention
toujours sur le qui-vive, une surveillance de tous les
instants, une sollicitude de toutes les minutes et
une patience à toute épreuve.

L'enfant est à la fois une énigme à déchiffrer, un

caractère à former, une intelligence à cultiver, un
cœur à développer, une personnalité à respecter.

Il faut donc du côté de l'éducatrice, allier, la
perspicacité à la prudence, la fermeté à la douceur,
la gaieté au sérieux de l'éducation. Faire aimer à
l'enfant les règles qu'on lui impose pour le guider
et non pour l'opprimer.

Endiguer ses mauvais penchants sans toutefois
briser le ressort personnel qui fera de lui plus tard
une intelligence originale.

Quelle étrangère remplacera la mère auprès de
l'enfant pour mener à bien une telle éducation?
pour accomplir une mission à la fois si vaste et si
délicate? Qui saura mieux lire dans ce petit cœur,
suivre le raisonnement naissant de ce jeune cerveau, pressentir les défauts, deviner les qualités,
aimer avec assez de tendresse pour ne pas se lasser des difficultés et des mécomptes? Quel maître
vaudra un tel professeur? Quelle école remplacera
l'école familiale où l'exemple vivant de la mère est
une démonstration constante des vertus qu'elle
cherche à inculquer à son enfant?

Faut-il à la mère un grand savoir et une haute
science pour accomplir dignement et avec fruit sa
noble tâche? Nullement, en matière d'éducation,
le caractère de l'éducateur l'emporte sur sa valeur
intellectuelle.

Il est de pauvres illettrés, des hommes et des
femmes du peuple qui sont d'excellents éduca-

teurs. Il est des gens très cultivés incapables de diriger un enfant.

George Sand était la plus déplorable des éducatrices, elle écrivait des lettres admirables sur l'éducation; mais elle était incapable de passer de la théorie à la pratique. La mère de Gœthe qui n'était point une intellectuelle; mais une jeune femme toute charmante et toute bonne, avait créé autour de son fils une atmosphère de douceur et de poésie, qui sut éveiller chez lui le sens de la beauté et de l'harmonie. Il faut lire les pages touchantes que Gœthe a écrites sur sa mère; à quel point il lui attribue son génie. Il faut lire *Le livre de ma mère* publié par Lamartine; il faut lire ce que la reconnaissance filiale a inspiré à Michelet, à Victor Hugo, pour comprendre ce que le génie d'un grand homme doit à la sollicitude intelligente et à l'exemple moral de celle qui veilla sur son berceau.

Hélas! de nos jours on confond trop l'instruction et l'éducation; on croit qu'un enfant est bien élevé parce qu'on a dépensé beaucoup d'argent pour le faire instruire.

On s'imagine qu'on prépare un homme ou une femme supérieure en bourrant le cerveau d'un enfant de notions qu'il n'assimile pas pour la plupart.

On noie les enfants sous un flot de connaissances souvent inutiles, presque toujours prématurées, sans méditer la réflexion si profondément

juste de Michelet : « Le cerveau d'un enfant est
« comme un vase d'étroite embouchure ; quelle que
« soit la quantité d'eau que vous y versiez, il ne
« pénétrera jamais que quelques gouttes à l'inté-
« rieur. »

On instruit trop nos enfants aux dépens de leur
santé, aux dépens de leur intelligence vraie, on
ne les élève pas assez. L'instruction sans l'éducation produit des hommes qui sont parfois intelligents ; mais sans jugement et sans caractère.
L'éducation produit des hommes de caractère et
des esprits sains et logiques.

Il vaut mieux savoir peu et bien que beaucoup
et mal ; un grand nombre de notions confuses
troublent l'entendement et paralysent l'intelligence
vraie : peu de notions ; mais claires et précises,
secondées par un bon jugement soutiennent l'intelligence et lui permettent de s'élever très haut.

Une mauvaise direction intellectuelle crée ces
intelligences de reflet qui ont beaucoup enregis-
tré, à la façon d'un phonographe ; mais qui ne
savent pas penser et qui sont incapables d'un travail mental personnel.

On doit imprimer à l'enfant une bonne direction
intellectuelle dès que son intelligence s'éveille ;
c'est encore l'œuvre de la mère, œuvre d'initiative
et de bon jugement plutôt que de haute science.

Développer l'intelligence d'un enfant, ce n'est
pas lui apprendre à lire à quatre ans, et l'initier à
sept ans aux beautés de l'analyse logique et du

système métrique, lui faire apprendre par cœur les règles de participes et la chronologie des rois de France.

C'est éveiller chez lui l'esprit d'observation, le désir de l'effort personnel et la rectitude du jugement. C'est stimuler ses facultés de logique et de raisonnement.

C'est l'instruire, non avec des livres, des cahiers, et tout l'appareil scolaire imaginable; mais par l'expérience personnelle.

Il faut lui apprendre à regarder autour de lui, à comparer ses observations, à les classer; il faut lui faire sentir la beauté des choses de la nature, l'initier à la vie générale des êtres. Quelques réflexions à propos sur le soleil qui éclaire et réchauffe la terre, sur les étoiles qui scintillent dans les cieux, lui en apprendront plus qu'un manuel de cosmographie; là encore sa mère vaudra plus pour lui que tous les livres. L'enfant qui vit d'une existence demi-astrale, demi-physique, qui est plongé dans un monde de sensations vives, dont le cerveau n'est pas encore rompu à la pensée abstraite, a besoin d'un enseignement vivant qui poétise et dramatise pour lui ces phénomènes intellectuels pour lesquels il n'est pas encore mûr.

L'intelligence de l'homme ne convient guère à cet enseignement qui est au contraire tout à fait dans les cordes féminines.

Autant l'enseignement masculin est nécessaire plus tard, pour les filles comme pour les garçons, autant l'enseignement des femmes est indispensable aux tout petits.

Il est rare que la pensée d'un homme se matérialise assez pour se rendre sensible à la pensée enfantine, les hommes ont un langage trop sec, trop aride, trop technique, dont les termes ne correspondent pas au vocabulaire si restreint des enfants. La femme elle, sait mieux ce qu'il faut dire.

La mère qui a suivi son enfant dès le berceau, sait avec quels mots il faut traduire la notion à inculquer pour qu'elle pénètre dans le jeune cerveau; elle sait évoquer la curiosité, provoquer l'effort sans fatigue, retenir l'attention fugace, et revenir avec une patience inlassable retracer sur le sable mouvant d'une intelligence si mobile les caractères qu'elle veut graver d'une manière indestructible.

Toute mère clairvoyante, sensée, moralement évoluée, saura diriger intellectuellement son enfant même sans aucun brevet; elle saura former en même temps que son caractère, son jugement et sa raison, elle saura faire de lui un homme par le caractère, par l'intelligence et par le cœur.

Je connais des femmes qui n'ont reçu qu'une instruction médiocre et qui sont de remarquables éducatrices; comme elles ont su devenir les compagnes très à hauteur et les auxiliaires de maris fort intelligents, ces femmes-là ont su remplacer la culture intensive qui leur manque, par cette intuition

supérieure du cœur qui, chez la femme lui fait
deviner ce qu'elle ignore.

Je connais également des femmes très intellectuelles dont la science aride et le cœur sec les
rendent incapables de cette association de pensées,
de cette communauté de sentiments qui est la souveraine beauté du mariage et de la vie familiale.

Non, la femme n'a pas besoin de cette culture
intensive dont quelques-unes semblent si avides,
pour être la grande éducatrice, la vraie moralisatrice, la haute inspiratrice de l'homme.

« Je consens qu'une femme ait des clartés sur
tout » a dit Molière, dont la charmante et déli-
cieuse Henriette fera toujours pâlir ses rivales :
les Armandes, les Bélises et les Philamintes.

Ces clartés sont suffisantes pour lui permettre
de concevoir les plus hautes spéculations de l'intelligence.

Ce que l'homme comprend, la femme le sent.
Elle donne une forme à la pensée abstraite de
l'homme, elle est la beauté, la bonté et l'amour.
Elle inspire la passion et l'émotion dans ce qu'elles
ont de supérieur, et la pensée sans l'émotion et le
sentiment : c'est Galathée avant d'être animée par
le souffle de la vie.

La femme donne au monde la vie morale, son
œuvre c'est le foyer où l'homme vient retremper son
énergie, raffermir sa conscience, élever, purifier
son âme ; c'est l'enfant en qui la mère dépose
les germes de l'Humanité future ; c'est l'enseigne-

ment du sacrifice par l'exemple journalier d'une immolation souriante et sans efforts apparents pour le bonheur des autres.

Tâche d'autant plus haute qu'elle est plus humble, d'autant plus durable qu'elle est désintéressée.

Les hommes cherchent à éterniser leurs noms par des œuvres dont ils croient transmettre le souvenir impérissable à travers les âges; mais le temps qui détruit tout, renverse les palais et les temples qu'ils ont édifiés, ronge les marbres et les bronzes qu'ils ont travaillés avec tant d'amour, ensevelit avec les ruines des empires les noms des grands conquérants qui les ont fondés et des grands génies qui les ont illustrés.

Un jour viendra où la terre elle-même ne sera plus qu'une impalpable poussière d'atomes dispersés dans l'univers sidéral, poussière d'astre mêlée à la poussière des œuvres fugitives d'une éphémère humanité.

Mais toi, ô femme! si tu as semé dans une âme les germes du bien, du vrai et du juste, de l'impérissable beauté, ta moisson sera éternelle; car éternelles sont les âmes qui ne connaissent point le flux et le reflux des transformations de la matière.

Sois fière de ton œuvre, et n'envie pas les triomphes illusoires de ton compagnon de souffrance.

Reste vraiment la femme; celle qui console,

celle qui élève, celle qui aime, et tu feras naître des héros autour de toi.

Le salut du monde est dans ta main ; c'est à ton foyer que brûle le feu sacré dont la flamme féconde illumine les âmes.

Quelle gloire personnelle te vaudra jamais celle de tes fils ?

Quel chef-d'œuvre te désignera plus éloquemment à la reconnaissance de l'Humanité que cette simple inscription sur la tombe des femmes dont les fils furent des hommes : Cornélie, mère des Gracques, ou Mary, mère de Washington.

Conférence à la Société théosophique,
2 juin 1907.

III

La Solidarité [1]

———

Celui qui évoque le passé pour essayer de retrouver les liens mystérieux qui le rattachent aux générations disparues se sent saisi par une invincible
tristesse.

Où s'élevaient les puissants empires, il ne voit
plus que des ruines, que les solitudes arides du
désert. Le tumulte de la vie a fait place au silence
de la mort. C'est à peine si quelques pierres mar-
quent encore la place des plus vastes cités et la
cabane du pâtre s'élève sur le sable qui recouvre
le palais des rois.

De l'effort de tant de générations, il ne reste
plus que quelques colonnes renversées, quelques
tombeaux, quelques inscriptions qui portent

1. Conférence faite à la Société théosophique.

jusqu'à nous l'écho lointain de conquêtes retentissantes comme pour en accentuer encore le néant.

Où es-tu, où es-tu superbe Babylone et toi, riche
Ninive ; Tyr, aux mille vaisseaux; vieille Egypte,
dont l'origine se perd dans la nuit des temps et
dont les sphinx énigmatiques gardent jalousement
les secrets enfouis sous le flot toujours montant du
sable envahisseur?

Où êtes-vous : ô Grecs et Romains, qui fûtes les
maîtres du monde par l'intelligence ou par la force;
et vous peuples, dont nul ne sait plus le nom et
qui aviez déjà disparu de la face de la terre bien
avant que les aînés de notre race fussent nés à la
lumière?

Cette succession incessante des peuples qui ne
font que passer comme des ombres pour disparaître et s'évanouir dans l'obscur gouffre où viennent s'engloutir les hommes et les empires, est
une des grandes tristesses de l'Humanité.

Qui de nous, soit au milieu de l'agitation bru-
yante, d'une grande ville, soit en contemplant d'un
point élevé une de nos capitales modernes dans la
plénitude de sa puissante activité; soit en admirant
un de ces merveilleux ouvrages sortis de la main
patiente des hommes; qui de nous n'a entendu tin-
ter à son oreille, comme un glas funèbre, ces
terribles paroles :

« Toute cette vie marche vers la mort; tout
passe. De cette œuvre immense, de ce grand effort,
que restera-t-il dans dix siècles, dans vingt siè-

cles, dans dix mille ans! Une autre ville, un
autre peuple, une autre humanité seront là, ignorant tout de cette humanité antérieure! »

Nul ne peut échapper à l'amère tristesse de
l'instabilité des choses humaines; nul ne peut
empêcher son âme d'être saisie d'angoisse devant
l'éphémère durée des œuvres édifiées avec tant de
peine par la main des hommes.

« Emplissons nos yeux et notre âme de la vue
de tant de choses admirables et dignes de vivre
éternellement; demain, elles ne seront plus! »

Ainsi, l'Humanité anxieuse, poursuivie par
l'inutilité apparente de ses efforts, interroge avec
effroi le passé et l'avenir, et partout, au milieu de
ses travaux, au milieu de ses plaisirs, au milieu de
ses triomphes, au milieu de ses joies, quand tout
semble glorifier sa vie exubérante, le présent même
lui rappelle la mort. Édifié sur des ruines, à peine
est-il né qu'il marche vers la destruction finale.

O solidarité, solidarité, tu n'es qu'un vain mot!
Sans lien avec ceux qui furent, sans lien avec ceux
qui naîtront, sans lien avec ceux qui vivent, au
milieu de cette destruction incessante, de cet
éternel recommencement, nous ne sommes solidaires que dans la mort, dans cette poussière accu-
mulée de tant de siècles, poussière anonyme où
toutes les cendres confondues roulent leurs déconcertants tourbillons.

Hélas! Je voulais faire une œuvre éternelle,
vivre au delà de moi-même dans l'Humanité

future et rien ne subsistera de moi, comme rien ne subsiste du passé. L'homme est seul entre deux néants.

Bornons-nous alors au présent, voyons quels liens me rattachent à ces hommes que le hasard a placés avec moi sur la terre, y a-t-il des rapports entre nous? Sommes-nous les éléments d'un même Tout? Quelques philosophes l'affirment et je cherche en vain la preuve de cette affirmation.

Je vois partout des intérêts qui s'opposent, des instincts contraires qui luttent les uns contre les autres; des races, des nations, des corporations, des individus qui combattent avec acharnement pour assurer leur existence; partout, dans l'humanité comme dans la nature, le faible est écrasé par le fort, partout des éléments irréconciliables essaient en vain de s'harmoniser sans y parvenir.

Comment réglementer ce chaos? Comment faire concourir ces forces hétérogènes à un même but? Comment déterminer ce but? Si je suis solidaire de ma famille, comment être en même temps solidaire de ma cité, de ma patrie, de l'humanité? N'y a-t-il pas des antagonismes irréductibles qui empêchent tout bien vraiment réel de s'établir entre les membres de l'humanité présente et entre tous les hommes qui ont vécu ou qui vivent sur la terre?

En un mot, et d'après l'apparence des choses, la solidarité n'est-elle qu'une conception purement sentimentale des religions et des philosophies?

La solidarité est à la mode ; jamais on n'en a tant parlé que de nos jours, jamais aussi on ne l'a plus vivement attaquée dans ses éléments les plus forts : famille et Patrie. — Jamais on n'a tant développé le sentiment de l'individualisme à outrance, le grand ennemi de la solidarité ; car jamais la destinée humaine n'est apparue plus obscure qu'à notre époque.

Dans l'antiquité, tout homme qui venait au monde trouvait en quelque sorte faite la formule de son existence. Il ne mettait en doute ni ses dieux, ni les lois de sa cité, ni les traditions de sa race. La religion tenait la société et chacun avait le programme de sa vie civile, politique et religieuse tracé d'avance.

Actuellement, l'homme, de quelque condition qu'il soit, ne trouve plus son chemin frayé, il faut qu'il trace lui-même sa route ; qu'il cherche au milieu des formules vieillies du passé, et parmi cet amas de connaissances nouvelles que la science lui apporte. Il n'a plus ni tradition, ni coutumes, ni lois pour le guider, car l'esprit moderne bat tout en brèche et semble saisi d'un ardent besoin de détruire, tout en ne sachant pas bien encore ce qu'il édifiera pour abriter la société nouvelle.

L'âme moderne se débat au milieu d'éléments disparates, sans fil conducteur pour la guider. Les dogmes ont étouffé la vérité enfermée dans les religions et perdu les lumières de la tradition. La jeune science, tout attachée à la matière, accumule

un nombre incroyable de faits dont la multitude
trouble et déconcerte, et reste incapable de s'élever
jusqu'aux causes qui seules permettraient de syn-
thétiser toutes ces vérités incomplètes dont le
matérialisme ne peut saisir qu'une partie.

Tant de découvertes scientifiques, tant de recherches archéologiques et historiques, tant d'études sur le passé et sur les phénomènes de la natu-
n'ont fait que jeter le trouble et la confusion dans
l'esprit humain et bien loin de répondre aux questions que pose l'homme angoissé par le problème
de sa destinée, elles ont augmenté encore son
anxiété, en faisant ressortir, plus vivement, l'inanité d'une existence bornée à quelques années
d'une vie toute matérielle et qui n'a plus de raison
d'être que dans la satisfaction des instincts et les
passions.

Le fil conducteur qui manque à l'homme moderne, c'est la certitude de son immortalité et la
connaissance de la Réincarnation et de Karma.

Sans l'immortalité de l'âme, sans la Réincarnation, sans Karma, comment comprendre l'évolution humaine, comment sentir la solidarité des
êtres? Comment percevoir leur unité?

La science reconnaît et proclame la loi karmique comme la grande loi de l'équilibre des forces;
mais, bornant toutes ses recherches au plan physique, elle se contente d'étudier les seules forces
qu'elle consente à reconnaître, sans s'inquiéter des
forces hyperphysiques et de leurs manifestations.

Karma qui règle toutes les combinaisons du mouvement, toutes les transformations de la substance, toutes les formes du travail, toutes les lois qui régissent les grands phénomènes de la nature : chaleur, lumière, électricité, couleur, son, règle également tous les modes par lesquels se manifestent les phénomènes de la vie morale et intellectuelle de l'homme.

La science est arrivée à constater que, par la loi d'équilibre des forces physiques, c'est-à-dire par l'application de la loi karmique sur le plan terrestre, tous les éléments qui constituent l'univers sont solidaires les uns des autres, qu'il n'est pas, par exemple, un atome de notre planète qui, par la gravitation universelle, ne soit relié à la vie immense de tous les astres.

Qu'un phénomène physique ou chimique se passe dans une région quelconque du globe, toute l'économie de la planète y est intéressée. Il n'est point indifférent pour nous Français, qu'une forêt de l'Amérique soit défrichée, qu'une tempête trouble l'Océan Indien : car l'équilibre de l'atmosphère en est ébranlé.

L'activité incessante des éléments produit des transformations incessantes ; mais rien dans ces modifications n'est la proie du hasard. Karma, le grand régulateur, conduit le jeu des forces et maintient leur équilibre.

Nul désordre, nulle confusion ; partout la loi s'observe, agissant d'une manière continue et parfaite, et partout se constate les combinaisons infinies des multiples mouvements émanés de tant de sources diverses, et dont les actions s'influençant réciproquement produisent cette solidarité constante de toutes les forces physiques.

Mais la science, après avoir constaté que la plus légère vibration, la plus petite force influe, comme la plus grande, sur l'ensemble de l'univers tangible, s'arrête sur le seuil du monde hyperphysique.

Le théosophe, plus hardi que le savant matérialiste, et conscient de l'immortalité de l'âme, pénètre dans le monde spirituel et cherche à en étudier les lois. Or, que constate-t-il dans ce monde nouveau qu'il étudie? L'unité de la loi d'équilibre, Karma se manifestant sur les plans subtils de l'univers comme il se manifeste sur le plan terrestre; ici, comme là-bas, le théosophe voit des forces agissant et réagissant les unes sur les autres. Au lieu de considérer le son, la chaleur, la lumière; il considère l'action des désirs, des passions, des sentiments, des intellections de tout ordre, et il voit que ces forces se comportent comme les forces que le savant étudie sur le plan terrestre.

L'homme vit; pour exprimer la vie qui est en lui; il produit des forces qui exercent leur action sur tous les plans.

Toute force bonne, en harmonie avec la loi, pousse l'homme sur le chemin de l'évolution; toute force mauvaise retarde cette évolution.

Un homme quelconque n'est pas seul dans l'univers à produire des forces. Sur tous les plans accessibles à l'activité humaine, d'autres hommes émettent également des énergies bonnes ou mauvaises qui s'attirent, s'agrègent entre elles selon la similitude de leur nature, ou s'opposent les unes aux autres quand elles sont dissemblables.

La combinaison de toutes les forces mises en jeu par un individu, une famille, une nation, une humanité, forme une moyenne qui donne la caractéristique de l'état d'évolution de l'individu ou du groupement social considéré. Par cette tendance qui porte les forces de même nature à s'associer, se créent les Karmas collectifs qui enchaînent les destinées collectives de tous les groupements auxquels l'individu se trouve participer.

La continuité de l'action des forces engendre la *pluralité des existences*. Une force ne peut être détruite ; pour annuler une énergie malfaisante, il faut la transformer en énergie bienfaisante et l'homme ne peut épuiser les forces mauvaises qu'il a créées sur le plan terrestre qu'en revenant sur la terre pour annuler la force néfaste en la transformant ! Seule aussi la pluralité des existences permet à l'homme de progresser et de poursuivre son évolution d'une manière équitable et rationnelle.

Laissons de côté les questions se rapportant à la justice de la loi karmique, aux moyens qu'elle donne à l'évolution pour s'effectuer peu à peu par l'ex périence et par le développement des facultés humaines, pour n'envisager que le point qui nous occupe aujourd'hui, c'est-à-dire la solidarité.

Toutes les forces émises sur un même plan concourent à l'évolution ou à la contre-évolution des entités qui vivent sur ce plan. Prenons des exemples de solidarité empruntés au plan physique :

Des forêts sont abattues, des marais sont desséchés dans une région; le régime de la contrée se trouve alors modifié et les habitants de la région en subissent le contre-coup. Cette action se limite-t-elle à la région même? Non, car le déboisement des Pyrénées se fait sentir jusqu'à Bordeaux par les crues de la Garonne.

Les hommes s'entassent dans des villes immenses, dont beaucoup de logements offrent des conditions d'hygiène déplorables. Les premières victimes de ces conditions insalubres sont les malheureux, condamnés à vivre dans des demeures malsaines. Mais que de riches, dans leurs somptueux hôtels, meurent atteints par la tuberculose et d'autres maladies dont les germes morbides ont pris naissance dans ces foyers d'infection que l'égoïsme et la légèreté laissent pulluler.

Sur tous les plans, les énergies mauvaises ou bonnes s'attirent, s'associent, se renforcent mutuellement, et, selon la prédominance des uns ou des autres, produisent l'état de bonheur ou de malheur, de sérénité ou de trouble, de joie ou d'angoisse du milieu.

L'action humaine individuelle, si faible quand on ne l'envisage qu'au point de vue de l'individu isolé, devient immense lorsqu'elle est liée à l'action collective.

Cette action s'exerce hors de la volonté de l'homme à son insu; qu'il le veuille ou non, elle l'entraîne dans le courant collectif.

Le plus égoïste des égoïstes, qui ne croit vivre que pour lui, par cela seul qu'il vit, réagit sur les autres et l'Humanité réagit sur lui.

L'homme doit arriver à la perfection, chaque groupement social doit tendre à la perfection, l'Humanité enfin doit devenir parfaite.

La perfection collective ne peut s'obtenir que par la perfection des individus. Le bonheur ne sera réalisé pleinement pour chacun, que le jour où tous seront heureux, et tous ne seront heureux que par la bonté de chacun.

Tout homme qui croit sauvegarder son intérêt en ne cherchant qu'à satisfaire, coûte que coûte, ses désirs et ses passions, travaille en réalité contre lui : non seulement il lui faudra subir les retours pénibles de son Karma individuel; mais il contribue à maintenir les conditions si dures et si difficiles qui sont imposées à l'Humanité actuelle. De sorte que son propre Karma sera aggravé par les conditions mauvaises générales qu'il n'aura pas su améliorer.

La vie sociale ne s'exerce que par des groupements de plus en plus grands qui sont les organes essentiels de l'Humanité : familles, classes, corps d'état, patries, races.

La famille, le premier de tous ces groupements sociaux, est celui où la solidarité des membres qui servent à le former se manifeste de la façon la plus directe. Par le mariage, qui associe les efforts de l'homme et de la femme, par les soins multiples que demande l'éducation des enfants, la famille forme un tout homogène dont les éléments sont étroitement unis.

Chaque famille, cependant, ne doit pas être considérée dans son état présent : cet état n'est que la continuation d'un long passé et la préparation d'un lointain avenir.

Une famille est une individualité distincte qui possède son Karma particulier, les membres de chaque famille sont soumis au Karma familial et par lui deviennent solidaires de ceux qui les ont précédés et des générations qui leur succèderont sur la terre.

Le Karma familial comporte :

Un Karma physique;

Un Karma intellectuel;

Un Karma moral.

Tous les trois concourent à déterminer les conditions brillantes ou obscures, bonnes ou mauvaises des individus destinés à s'incarner dans telle ou telle famille.

1° Le Karma *physique* donne aux membres d'une même famille une sorte de tempérament commun, une prédisposition plus ou moins grande pour telle ou telle maladie, certains traits du visage, forme du nez, couleur des yeux ou des cheveux.

C'est l'hérédité physique rendue plus ou moins sensible selon les nécessités du Karma individuel.

2° Toute famille possède un Karma *intellectuel*, c'est-à-dire que certains acquis intellectuels se transmettent des ascendants aux descendants.

Toutefois, il faut remarquer, qu'il est excessivement rare qu'un homme de génie ait un fils de génie ou même de talent.

La plupart des grands hommes ont eu des parents de valeur (ce qui ne veut pas dire ayant une notoriété), soit du côté maternel, soit du côté paternel, et il est fort rare qu'ils aient eu des enfants sortant de la médiocrité.

Il semblerait qu'une famille humaine soit comme un végétal dont toutes les parties ont concouru à la formation de la fleur et du fruit. Le fruit mûr, le végétal se dessèche et meurt, et le germe né du fruit recommence l'obscur travail de germination caché dans le sol, préparant de loin la floraison future d'une nouvelle intelligence de génie.

Tout individu qui vit contrairement à la loi influe sur le Karma familial; il diminue l'héritage qu'il a reçu de ses ancêtres et prépare une triste descendance aux aînés de sa race.

Tout homme qui vit selon la loi augmente l'héritage familial, l'enrichit et prépare l'incarnation d'intelligences élevées qui formeront une descendance supérieure.

Malgré son caractère individuel, l'homme reste toujours marqué du caractère familial. Sa propre personnalité sera toujours colorée d'un reflet qu'il tient de l'héritage karmique venant de ses ascendants.

Cet héritage karmique : tempérament, intellectualité, aptitudes, se complète par le Karma moral, qualités ou défauts. Si bien qu'un homme par cela seul qu'il est né de tels ou tels parents se trouve lié aux conditions heureuses ou malheureuses, bonnes ou mauvaises, brillantes ou obscures des siens.

Le Karma familial tout en rendant l'individu solidaire de ses ascendants et de ses descendants n'entrave nullement le karma individuel.

Tout homme est placé dans le milieu en harmonie avec son Karma actuel.

Un musicien par exemple naîtra dans une famille capable de lui fournir les éléments physiques et intellectuels nécessaires au développement de ses facultés; rien ne peut naître de rien.

3° Karma *moral.* — Un être dépravé s'incarnera dans un milieu dont les antécédents moraux, défectueux, auront permis la naissance d'un être d'une mentalité déplorable.

On entend quelquefois dire en parlant d'un jeune homme ayant commis un vol : comment se fait-il, que ce garçon soit devenu un voleur, ses parents pouvaient passer pour d'honnêtes gens, n'ayant jamais violé le code ouvertement.

Cependant, si l'on va au fond des choses on constate qu'ils ont été des marchands trop habiles, des spéculateurs trop heureux, des héritiers sans scrupule, etc.... Il existe mille manières de ne point blesser la morale humaine qui se contente de peu, si certain décorum est gardé. Mais la vraie morale, la morale divine est plus stricte et sa balance, qui pèse à leur juste poids les actions des hommes, leur rend impitoyablement ce qui leur est dû.

Beaucoup de ceux qui se croient en règle avec leur conscience parce qu'ils ont respecté le code humain, tout en ayant bien souvent méconnu la loi divine, sont fort étonnés de voir leurs erreurs devenir chez leurs descendants de ces crimes que les hommes châtient. Parents coupables, ils ne font que recueillir ce qu'ils ont semé et supporter ce Karma familial qui rend solidaires ceux d'un même sang.

Cependant, ceci n'est pas une règle absolue, il ne faut pas rendre tous les parents responsables des fautes de leurs enfants, il peut naître un criminel dans la famille la plus vertueuse, et des saints dans le milieu le plus dépravé.

Si du vice sortait éternellement le vice, il n'y aurait ni relèvement possible, ni orientation meilleure.

Un être vicieux qui ne s'incarnerait que dans

des milieux corrompus ne pourrait jamais être influencé par une force supérieure capable de lui
donner, sinon immédiatement, du moins plus tard,
une direction nouvelle.

Solidaires de nos ancêtres, n'oublions jamais
que nous sommes solidaires de nos descendants.
A nous d'assurer à notre famille un noble avenir.
Notre valeur morale sera la garantie de la valeur
de ceux qui naîtront de nous. Et si même nous
devions compter parmi nos enfants ou nos petits-
enfants, quelque âme tarée, l'héritage de vertu que
nous aurons laissé servira au rachat de cette pauvre
âme, elle nous sera envoyée pour que ces forces
bonnes que nous aurons laissées fécondent ce sol
inculte et y fassent germer les vertus futures qui
l'achemineront vers la perfection finale.

L'homme ne vit pas que pour la famille et par
elle. Les nécessités de son existence, ses goûts, ses
aptitudes, ses travaux, ses plaisirs, tout le porte à
s'associer avec d'autres individus ayant les mêmes
besoins, les mêmes goûts, les mêmes aptitudes; de
là une foule de groupements plus ou moins nombreux qui embrassent toutes les associations ima-
ginables : race, tribu, patrie, cité, corps d'état,
corporations, etc.

Le Karma agit sur tous ces groupements comme
il agit sur l'individu et la famille.

On a remarqué que les individus appartenant à
une même classe, à un même corps d'état, à une
même profession, ont un caractère commun mal-

gré la diversité des origines ou de l'âge; il y a un esprit de classe, un esprit de corps, un esprit de métiers.

Un homme appartenant à l'aristocratie ne pense pas et ne sent pas tout à fait comme un homme du peuple. Un homme de robe a d'autres préjugés qu'un homme d'épée, un savant, un artiste ou un ouvrier.

Cela est si vrai que chaque classe, chaque corps d'état ou de métier, a ses traditions, ses coutumes et, ce qui est plus particulier, sa langue personnelle.

Un homme, dès qu'il fait partie d'une association quelconque d'individus, devient solidaire de tous les membres de cette association et il est influencé par le Karma collectif attaché à cette association.

Toute association offre une série d'obligations intellectuelles et morales à remplir qui représentent l'idéal vers lequel tend cette société. Si cet idéal est abandonné, les forces de régression sont plus puissantes que les forces de progression et le groupement social, après avoir périclité, se désagrège et meurt.

Prenons comme exemple la petite collectivité sociale qui représente notre section française de Théosophie.

Constituée pour atteindre un certain idéal, notre société ne sera viable que si cet idéal se trouve réalisé par l'ensemble des membres. Tout ce qui est en harmonie avec cet idéal assure la vie de notre groupement collectif, tout ce qui s'en écarte affaiblit la vitalité de notre petit corps social.

Il ne faut pas s'imaginer que le karma collectif de notre société soit déterminé par son aspect extérieur : cotisations, local, nombre des membres. Cela pourrait suffire pour une société quelconque, un cercle, par exemple ; mais le rôle de la société étant un rôle moral, dont le but est le développement de la fraternité, l'accroissement de l'amour et de la sagesse parmi les hommes ; tout ce qui ne tend pas vers ce but empêche le développement réel de la société.

Il importe peu qu'il y ait beaucoup de membres apportant de nombreuses cotisations, suivant assidûment les cours et les conférences, lisant, étudiant, discourant ; si chaque membre ne cherche pas à vivre, aussi pleinement que possible, l'idéal social proposé.

Si nous ne voyons dans nos études qu'une récréation intellectuelle ; si nous n'envisageons que le développement de nos connaissances personnelles ; si nous ne faisons de la théosophie que pour nous ; nous n'engendrons qu'un Karma détestable pour l'avenir de notre société.

N'assurer que la vie matérielle sans assurer la vie spirituelle de notre groupe, c'est le condamner à végéter misérablement. Or, cette vie spirituelle, c'est notre cœur seul qui peut vraiment la donner ; c'est notre cœur seul qui nous fera patient et résigné devant la destinée ; c'est notre cœur qui nous rendra plein de pitié pour tout ce qui souffre ; c'est notre cœur qui étouffera en nous l'orgueil, le mépris, l'envie, la haine, tout ce qui divise les hommes. Et si chacun de vous essaye de pratiquer un peu de cette fraternité que notre société a mission de faire régner sur la terre, les forces karmiques émises par nos actes, nos paroles, nos pensées, constitueront une force immense, indestructible et si puissante qu'elle pourra changer, si nous le voulons, la face du monde.

On voit souvent des sociétés spiritualistes fondées dans un but moral et élevé, subsister avec peine, s'affaiblir et disparaître. On constate cependant que l'argent n'a pas manqué, qu'il y a eu un nombre important d'adhérents, que tout, enfin, pouvait promettre un brillant avenir à ces sociétés.

— D'où vient cette impossibilité de vivre ?

— Du mental des membres qui composent la société. Si la majorité de ces derniers est constituée par des hommes ayant une mentalité défectueuse, tournée vers les questions de personnalité, d'intérêt, de préséance ; et même si ces idées ne sont pas expressément exprimées au sein de la société, l'apport karmique ne donne qu'une prédominance des forces mauvaises, qui, s'agrégeant les unes aux autres, font, un beau jour, explosion sous forme de discussions vaines, de dissensions intestines. Aucun travail utile et sérieux ne peut s'effectuer et la société périclite.

C'est une chose grave, que d'être appelé à coopérer à une œuvre aussi grande que celle entreprise par la société théosophique. En faire partie c'est assumer une lourde responsabilité. Empêcher le développement et le progrès de la société par notre faute, c'est solidairement faire tort à tous ceux auxquels notre adhésion nous a liés.

Cette loi des forces qui nous rattache par des liens invincibles les uns aux autres, nous impose, dans l'intérêt commun, qui est le nôtre, de nous élever à la hauteur des engagements que nous avons contractés, afin de participer à cette œuvre de vie supérieure, dont nous serons les premiers à recueillir les fruits, si nous avons eu le courage d'accorder notre vie morale avec le sublime idéal que nous avons choisi.

La loi karmique que nous avons vu régir les petites sociétés collectives, régit également les grands groupements sociaux qui constituent les organes fondamentaux de l'humanité, c'est-à-dire les patries et les races.

Les Patries sont aussi nécessaires à l'Humanité actuelle que les organes au corps. Elles permettent un travail continu dans le sens de l'évolution, impossible à réaliser dans la masse de l'Humanité sans les spécialisations intellectuelles et morales formées par les nationalités.

L'Humanité est composée d'individus à des degrés très divers d'évolution, depuis l'âme qui sort des limbes jusqu'à la grande âme d'un Jésus ou d'un Bouddha.

Il y a beaucoup d'âmes jeunes et un très petit nombre d'âmes suffisamment évoluées pour s'élever au-dessus des simples contingences de la vie matérielle.

Si ces âmes étaient confondues pêle-mêle, le progrès serait d'une incroyable lenteur, les âmes avancées étant noyées dans le flot des âmes jeunes.

Au contraire, la nature opère des sélections ; d'abord au moyen des races qu'elle cantonne dans des régions déterminées, puis au moyen des nationalités qui s'organisent chez les races supérieures.

L'histoire de ces nationalités nous fait constater qu'il existe pour une même époque des nationalités prépondérantes et des nationalités secondaires, et que, après avoir été tenu en main un certain temps par un peuple, le sceptre du monde passe à un autre peuple qui vient à son tour exprimer un autre aspect de la civilisation.

Le génie humain n'a pu se formuler que par la création du caractère national qui exalte certaines qualités chez un peuple, et lui permet d'exprimer ces qualités dans des œuvres qui constituent le trésor commun de l'Humanité.

Si les grands hommes qui ont fait la gloire de la Grèce avaient été disséminés ici et là sur toute la surface du globe, leur œuvre eut été nulle.

L'admirable petite peuplade hellénique centralisant une élite intellectuelle a permis cette éclosion du génie grec, dont la lumière illumine encore notre civilisation moderne.

Si nous suivons dans l'histoire la trace féconde laissée par les grandes nations, nous y voyons que chacune d'elles a travaillé pour l'Humanité en croyant ne travailler que pour elle-même.

Qu'une nation pour une raison ou pour une autre ne remplisse pas les destinées qu'il lui est donné d'accomplir, l'Humanité est atteinte par cette défaillance et en souffre.

L'idéal d'une nation peut sembler inférieur tout en étant nécessaire au bien général.

Prenons par exemple Carthage, Rome et Athènes.

Le génie d'Athènes est le plus élevé. C'est lui qui nous a donné la formule la plus parfaite de l'art, le sens exquis de la beauté. Athènes, c'est la lumière d'un admirable esprit, fin, délicat, harmonieusement équilibré ; mais trop subtile, son œuvre de haute culture intellectuelle ne lui donnait action que sur une élite.

Tout autre est le fort, le dur, le solide génie romain ; moins brillant, mais plus robuste, il crée l'ordre, la loi, il étend sur le monde l'immense réseau de son administration et impose une même civilisation à tous les peuples de son vaste empire.

Tyr, Carthage, ces villes de lucre, ces cités de peuples marchands sans idéal et sans noblesse, cette race toute mercantile par son infatigable commerce a joué le rôle immense d'inlassable intermédiaire entre les nations les plus éloignées dont elle propageait les idées avec les produits.

Participer au Karma d'une nation n'est pas chose
légère. Celui qui s'incarne chez un peuple, quel qu'il
soit, hérite de ceux qui l'ont précédé, des aptitudes
qui forment le caractère national. Caractère qui ren-
force les qualités naturelles de l'individu ou qui le
doue de qualités nouvelles.

On a dit quelque part que la Patrie était une
expression géographique.

Il est vrai que certains accidents géographiques
déterminent souvent les nationalités.

Les Pyrénées séparent la France de l'Espagne;
mais nulle barrière ne s'élève entre la France et la
Belgique, et cependant il existe une France et une
Belgique.

Selon la belle expression de M. Lavisse : « La
patrie n'est pas un territoire, c'est une œuvre humaine. »

Une Patrie, ce n'est pas une terre avec ses
plaines et ses montagnes, ses fleuves et ses forêts,
ses mers et son ciel; la Patrie est une œuvre créée
par une race et pour laquelle la nature a fait peu et
l'Homme presque tout.

Il y a une période où, sur le même sol, il n'y a
pas encore de Patrie; et il y a une période où il
n'y en a plus. Comme tout être vivant, la Patrie
naît, vit et meurt.

Tant qu'il n'y a pas d'idées communes, il y a
sur un point quelconque une agglomération humaine; mais pas de Patrie.

Ce qui constitue la Patrie : c'est la douleur et le

travail de milliers d'êtres qui ont vécu la même vie.
Voilà ce qui rend la Patrie grande et sainte.

Le caractère national est l'œuvre collective de
la race.

Avant la constitution d'une Patrie, il existe tout
d'abord une période de formation.

Sur le sol qui plus tard sera un sol national,
vivent de petits groupements sociaux ; cités comme
la Grèce, tribus comme la Gaule ou la Germanie et
qui n'ont pas d'autres liens qu'une communauté
d'origine et d'idiome.

Souvent même ces groupements sont hostiles
les uns aux autres, s'attaquent réciproquement,
guerroient entre eux pour des questions toutes
locales.

Cette période de formation dure tant qu'un danger commun n'est pas venu donner, à ces groupements de même origine, conscience de leur pa-
renté ; c'est presque toujours la guerre qui fait
naître l'idée de Patrie.

Tantôt c'est l'invasion du sol par une race étrangère : les guerres médiques en la Grèce, la guerre
de cent ans en France.

Tantôt c'est l'extension d'une des cités primi-
tives qui absorbe les autres. Comme Rome par
exemple.

La guerre, ce fléau qui désole et qui désolera
probablement longtemps encore l'Humanité, a été
cependant un des éléments les plus actifs du progrès dans notre Humanité encore si inférieure.

C'est la guerre, qui par la notion du danger commun, a enseigné aux hommes la puissante solidarité collective qui crée les nations.

La nécessité de se grouper, de s'unir, de se défendre mutuellement, pour sauvegarder la vie nationale, a inspiré les dévouements les plus sublimes et les plus héroïques. Arraché à son égoïsme, l'homme est devenu capable de sacrifier sa fortune, sa famille, sa propre vie pour le bien commun, de s'élever jusqu'à la conception d'un idéal supérieur de fraternité et de dévouement, de souffrir et de mourir pour une idée.

La guerre a créé la notion de Patrie en imposant à tous ceux d'une même race, les mêmes douleurs, les mêmes espoirs, les mêmes triomphes ou les mêmes épreuves.

L'âme de la Patrie se forme peu à peu de ces alluvions morales que laisse chaque génération et qui créent une sensibilité commune, une intelligence commune.

La patrie est une chose admirable parce qu'elle est un grand élément vivant, constitué par les pensées, les sentiments, le travail obscur ou brillant de milliers d'êtres.

L'effort patient du pauvre Jacques, courbé sur son sillon; la triste vie du modeste artisan, penché sur son établi; les simples vertus de tant d'humbles créatures qui ne sont nées que pour souffrir, travailler, se dévouer et mourir, ont forgé l'âme nationale.

Saint, trois fois saint, est l'héritage que nous
lègue nos ancêtres, il représente un infini de travail, de patience et de souffrance, un colossal apport
à ce trésor commun où puise l'Humanité.

Celui qui par sa vie, ses doctrines, sa conduite
diminue cet héritage ou manque de l'enrichir, lèse
l'Humanité en lésant la Patrie.

Malheur à la nation dont les enfants se désintéressent de la chose publique, et vivent insouciants des destinées communes, cette nation
marche vers la déchéance et vers la mort, et malheur aussi à ceux qui ont participé à la mort de
leur Patrie, Karma leur demandera un compte sévère de leur crime; car ils auront entravé l'évolution de l'Humanité en entraînant la ruine d'un de
ses organes essentiels.

Le sentiment de la Patrie est appelé de nos jours
à se modifier profondément en ce sens, qu'étroitement exclusif jusqu'à ce jour, il tend à devenir plus
large et plus généreux.

Autrefois, tout étranger était l'ennemi parce
qu'il était l'inconnu. Aujourd'hui, par les moyens
de communications rapides, par le téléphone, le
télégraphe, la presse, il commence à s'établir entre
toutes les branches de la famille humaine, surtout
entre les hommes de la race blanche, cette sensibilité et cette intelligence communes qui tendront
à les unifier et à détruire les barrières des nationalités.

Mais ceci, c'est l'œuvre des siècles. Ayant l'union

finale de tous les peuples et de toutes les patries,
la terre verra encore bien des luttes fratricides
entre les hommes. Les races sont encore trop diverses, les intérêts trop différents, les sentiments
trop égoïstes pour qu'on puisse annoncer le règne
prochain de la paix universelle.

Beaucoup de nations, sans doute, portent la
guerre dans leur Karma; aux fils de ces nations de
se rappeler qu'ils sont solidaires de leurs frères, et
qu'ils doivent accomplir le devoir que Karma leur
impose, si dur soit-il.

C'est l'enseignement de Krishna à son disciple.

L'idée de Patrie nous mène à l'idée de société.
La société, c'est l'organisation de la communauté
humaine.

Cette communauté s'est trouvée profondément
modifiée depuis un siècle par les moyens de communications, la transformation de la vie écono-
mique; grâce à la machine, à l'échange constant
des produits entre les nations, à la nouvelle organisation du travail et du capital.

Internationale, cette société humaine s'organise,
en dépit des frontières sur des bases communes
dans le monde civilisé.

Son trait caractéristique, c'est la lutte; lutte des
individus ou des classes pour la conquête du bien-
être matériel et de la domination.

Société tourmentée, dont les éléments bouillon-
nent et s'agitent dans une effervescence perpétuelle; machine aux rouages compliqués et mal

réglés, qui ne fonctionnent qu'en broyant les faibles dans leurs cruels engrenages.

Société mal équilibrée où la richesse, trop souvent détenue injustement et dans un but personnel, suscite l'envie et la haine.

Egoïsme en haut, révolte en bas, mépris d'une part, haine de l'autre, irritation et mauvais vouloir des deux côtés : tels sont les éléments perturbateurs qui n'assurent de suprématie qu'à la discorde et à la souffrance.

Cette société est mal faite, elle est aveugle et cruelle comme toutes les forces brutales qui n'ont pas encore été disciplinées par l'intelligence et la raison. Mais telle qu'elle est, elle est notre œuvre.

C'est nous qui par notre égoïsme passé et par notre égoïsme présent en faisons cette chose inhumaine, dure et barbare, dont les lois, les préjugés, l'organisation écrasent tant de pauvres êtres sous un joug trop lourd à porter.

Au fond, nous sommes très insouciants de la question sociale, elle ne nous émeut que si elle nous présente quelque nouveau droit vrai ou faux à conquérir, ou si elle bat en brèche quelque cher privilège menacé par des intérêts adverses, et que nous avons à cœur de conserver jalousement.

Pourvu que notre quiétude présente, et que notre bien-être ne soient point troublés, les iniquités sociales nous laissent froids, tant que nous n'en sommes point les victimes.

L'idée des devoirs si étroits que nous avons à

remplir à l'égard des autres hommes, est une idée importune, sur laquelle nous aimons peu à méditer et cependant, ne sommes-nous pas destinés, de par notre évolution, à parcourir tous les degrés de l'échelle sociale?

Riches aujourd'hui, pauvres demain, tantôt remplissant le monde du vain bruit d'une renommée encore plus vaine, tantôt accomplissant sans bruit une de ces vies de dévouement obscur qui sont si grandes dans leur humilité, tantôt puissants et dominateurs, tantôt faibles et opprimés, tantôt tyrans et tantôt esclaves.

Demain, nous serons le misérable qui souffre, nous irons habiter ce taudis dont nous nous éloignions en frémissant, nous accomplirons ces travaux grossiers qui nous semblaient si peu faits pour notre délicatesse, nos mains blanches d'intellectuels seront durcies et déformées, par le maniement de la charrue ou du marteau, nous serons le paysan courbé sur la glèbe, le mineur enfoui sous le sol, l'ouvrière penchée sur sa tâche.

Alors nous sentirons peser sur nous la lourde machine sociale dont nous n'aurons pas su alléger le jeu, et nous accuserons les autres de nos souffrances qui seront notre œuvre.

Nous sommes infailliblement destinés à nous réincarner dans le peuple, d'abord par une raison mathématique, le nombre des individus jouissant d'une aisance seulement relative étant très minime comparé à l'ensemble de la population, la nécessité s'impose d'expérimenter par nous-mêmes les défectuosités de la machine sociale.

Enfin, pour donner la mesure réelle de nos forces morales.

La plus grande expression du courage militaire pour un soldat, c'est de garder un poste, immobile et impassible, sous une pluie de balles.

La plus grande expression de la force d'âme, c'est d'accomplir avec résignation, sans amertume et sans révolte une de ces existences de douleur, de misères, de privations et de dévouements obscurs, qui n'ont pas les compensations que le bien-être, l'éducation et l'instruction apportent aux épreuves humaines.

Nous ne sommes encore que de grands enfants maladroits, sans réflexions et sans jugement ; chacun n'ayant travaillé que pour soi, il en résulte que l'édifice social n'est qu'un grand bâtiment saugrenu, disparate, incommode.

Cet édifice social, qui est notre inconfortable demeure présente, sera notre inconfortable demeure future, si nous n'avons à cœur de le réédifier d'une manière plus sensée.

Il ne s'agit pas de nous arranger dans l'incohérente construction qui nous abrite plutôt mal que bien, un petit coin hors de l'atteinte des intempéries, et de nous rire de la bise qui souffle entre les ais mal joints, quand nous avons chaud pour notre part. Ce petit coin, il nous en faudra déloger quelque jour et Dieu sait où la destinée nous permettra de porter nos pénates.

Transformons donc cette bizarre construction, étrange, mélange d'horribles galetas et de somptueux palais, faisons-en un vaste édifice où tous puissent trouver protection et abri.

La société c'est nous, la mieux organiser, c'est travailler pour nous ; si actuellement nous rendons plus douces à tous les conditions de la vie sociale, nous nous préparons une tâche future plus facile à accomplir.

Nous sommes un par la loi karmique qui se rit de toutes les vaines divisions sociales ; il n'y a pour Karma, ni pauvres, ni riches, ni classes inférieures, ni classes supérieures ; mais des hommes qui vivent la même vie et travaillent à la même tâche : l'édification d'une société plus parfaite et plus heureuse.

Comme ces oiseaux voyageurs qui forment un triangle dans le ciel afin de mieux lutter contre la résistance de l'air et qui tour à tour occupent la première place pour revenir ensuite au dernier rang ; tour à tour les hommes viennent expérimenter toutes les conditions sociales, tour à tour conducteurs ou conduits ; ils n'en volent pas moins d'un même élan vers le but du lointain voyage.

Frères, nous le sommes par l'origine et par le but ; associés par la communauté de la tâche à accomplir, liés par mille fils qui nous rattachent les uns aux autres dans le passé et dans l'avenir ; nous ne pouvons être heureux qu'en assurant le bonheur de tous et le bonheur de tous ne sera possible que lorsque chacun sera bon.

Nous deviendrons bons, lorsque nous aurons compris que la joie ou la souffrance des autres créent notre propre joie et notre propre souffrance, lorsque, ayant pris conscience de la sublime extension de notre moi, nous aurons senti déborder en nous la vie surabondante de l'Humanité.

Alors, au lieu d'être cette créature isolée et faible parce qu'elle a peur du passé, peur de l'avenir; parce qu'elle tremble devant la mort, parce qu'elle se sent épouvantée du néant des âges disparus et de l'incertitude de ceux qui ne sont pas encore et ne seront peut-être jamais; nous serons la créature robuste, dont le cœur gonflé par le souffle de la vie féconde déborde de la joie sereine des forts.

« Que m'importent les cités croulantes, les solitudes du désert, les ossuaires immenses des générations disparues! J'ai vécu, je vis, je vivrai. J'ai travaillé à bâtir ces cités anéanties, à creuser ces canaux comblés, à édifier ces temples renversés. J'ai travaillé, j'ai lutté, j'ai souffert, j'ai aimé. Les formes de mon activité ont disparu, mais l'effort a centuplé mon énergie; les objets de mon amour se sont transformés, et mon cœur s'est agrandi et mon âme a senti l'unité des êtres dans l'infini divin. »

IV

Le Problème du Libre Arbitre
et la Théosophie

———

Le problème du libre arbitre est une des questions les plus graves qui se soient posées devant la raison.

Il met en cause la dignité et la valeur morale de l'homme et avec elles l'omniscience et la toute-puissance divines.

C'est une question capitale qui a suscité les débats les plus passionnés, les polémiques les plus ardentes.

L'homme est-il libre? Non, semble répondre l'apparence des faits. Oui, crie la conscience intime qui se révolte contre la loi d'une aveugle fatalité.

Si l'homme est libre, que devient la prescience divine? Et si l'homme est le jouet d'une prédestination que rien n'explique, il n'y a plus de justice suprême. De quelque côté qu'on envisage le problème, Dieu perd un de ses attributs, il cesse d'être Dieu.

Cependant l'homme possède les idées innées de justice et de liberté. Si la justice et la liberté se présentent à notre conscience, c'est que la liberté et la justice existent. Il nous serait impossible d'avoir la notion de quelque chose qui n'existerait pas.

Il faut donc pour concevoir les idées de justice et de liberté qu'elles se manifestent à nous, qu'elles fassent partie intégrante de notre personne morale, et que nous ayons constaté dans le cours de notre destinée qu'elles ne sont pas de vaines abstractions; mais des réalisations sensibles que nous avons pu percevoir d'une manière irrécusable à un moment donné.

La question du libre arbitre repose entièrement sur la justice et la liberté; mais cette question s'est trouvée tellement obscurcie par la perte des données de la Sagesse antique, qu'elle semble, dans l'état actuel des connaissances humaines, devenue insoluble.

Depuis des siècles, le grand flambeau de la Réincarnation s'est éteint, laissant l'homme plongé dans une telle ignorance de ses destinées, qu'un voile opaque lui dérobe les connaissances essentielles et fondamentales qui seules peuvent lui donner la clé du problème.

Avec la conception erronée qui réduit l'existence

de l'homme sur la terre à une seule incarnation, l'accord merveilleux qui existe entre le Créateur et sa création se trouve si complètement brisé, que l'homme, de quelque façon qu'il envisage les manifestations de la vie universelle, se heurte au chaos. Il ne voit plus que des éléments hétérogènes qui s'entrechoquent sans jamais parvenir à s'harmoniser.

En effet, si l'intelligence n'admet qu'une seule incarnation, toute la création lui paraît reposer sur l'absurde. Le sens de l'Univers, sa raison d'être, son but, demeurent lettre close pour la raison.

Chaque être semble un produit bâtard, inachevé, sans liens avec les autres êtres, et comme la preuve constante d'une manifestation illogique et injuste de la Nature. La Raison cherche en vain autour d'elle, dans les œuvres de la création, la preuve d'un Dieu juste et bon, et elle ne voit que le cruel caprice d'un tyran arbitraire et fantasque.

Quelle idée l'homme peut-il avoir de Dieu s'il part, pour expliquer l'Univers, de cette conception fausse d'une existence unique dévolue à chaque être vivant?

Quel sens peut-il attribuer à la création végétale et animale, au grand peuple des bêtes qui vit et souffre, souvent de façon si cruelle, sans que rien puisse démontrer la nécessité de ces douleurs imméritées et par conséquent injustes?

Quel sens attribuer aux destinées humaines si déconcertantes dans leurs inégalités, dont rien logi-

quement ne peut donner une explication satis-
faisante, et qui paraissent presque toujours une
négation partielle et quelquefois totale de la justice?

S'il est croyant, l'homme s'en remettra purement et simplement à la volonté divine; il s'écriera
comme Luther : « La raison ne fait que blasphémer
Dieu et critiquer ses œuvres, elle ne comprend rien
à Dieu, il faut la tuer » ou comme Pascal qu'il faut
croire parce que c'est absurde.

Après avoir essayé en vain de résoudre le problème; il tombera sous le joug du fatalisme et de la
grâce; il courbera la tête sous l'arbitraire et la prédestination.

Dogme fatal. L'homme ne pouvant se rendre
compte de l'Évolution et de ses effets, ne jugeant la
vie que sous un aspect fragmentaire et des manifestations tronquées, ne voit se dérouler sous ses yeux
qu'une série d'actes inexplicables, ne relevant que
de la fantaisie divine.

La personne morale n'est plus rien qu'un jouet
fragile entre les mains toutes-puissantes et capri-
cieuses du Maître des maîtres, du Roi des rois,
du despote absolu qui dispense ses grâces ou
ses défaveurs avec une partialité qui écrase et
désespère le juste, qui désagrège les forces vives
de l'énergie humaine, qui brise la plus ferme
volonté.

Avec une telle compréhension du rôle de Dieu
dans l'Univers, compréhension qui ne peut naître

que de la méconnaissance de la loi de Karma[1] et de la pluralité des existences, le libre arbitre n'existe pas.

Dieu fait peser sur l'âme d'un poids mortel l'oppression angoissante de sa déconcertante fantaisie. La terreur d'une vie si courte, inexplicable dans ses origines, incertaine et cruelle dans ses fins. Si croyante que soit l'âme; elle étouffe, elle pleure, se trouble, elle s'en remet à Dieu; mais en tremblant. Sait-elle jamais si le Maître fera grâce, et cette grâce, n'est-ce point la négation même de la justice?

Mais il est des esprits que l'injustice apparente des choses révolte.

Des intelligences qui, mues par un ardent besoin d'ordre et d'équité, par la réflexion, en arrivent à rejeter les conclusions fausses d'une Religion basée sur des enseignements incomplets. Elles veulent par elles-mêmes, chercher dans les manifestations de la vie universelle, la preuve de l'action d'un Dieu juste et bon.

Mais l'homme qui se détache de la foi imposée par une religion, et qui s'efforce de découvrir par lui-même le sens de la Création, abusé par cette idée que toutes ses destinées sont fixées par la durée éphémère de son existence actuelle, aboutit fatalement dans ses conclusions à la négation du principe divin : au matérialisme.

1. Karma : terme sanscrit désignant la loi des effets et des causes, ou loi de causalité.

Tout lui semble également absurde dans le domaine du monde moral, qu'il s'appuie ou non sur la foi.

Devant les apparences contradictoires qui se manifestent à sa raison, lorsqu'il essaie de démêler le juste de l'injuste et le pourquoi des destinées humaines, il en arrive à ne trouver d'ordre et de logique que dans l'agencement des formes et des lois qui régissent la matière.

De là, à supprimer Dieu et à le remplacer par le hasard agençant la force et la substance, il n'y a qu'un pas, et ce pas est bientôt franchi.

Que devient le libre arbitre avec cette nouvelle manière d'envisager la vie?

En faisant découler tous les phénomènes de la vie de la seule combinaison des atomes, le libre arbitre est supprimé. L'homme n'étant plus que la résultante des combinaisons physiques et chimiques dont son organisme est le théâtre, devient un simple accident de la substance. Il ne saurait être considéré comme responsable et libre, puisque son individu moral et pensant n'est que le produit de sécrétions de son cerveau, organe qu'il tient de ses ascendants sans pouvoir le modifier, et que ces derniers lui ont transmis plus ou moins bien conditionné, selon les tares ou les acquis héréditaires.

Qu'il s'appuie sur la foi ou qu'il s'appuie sur l'observation directe des faits, l'homme qui méconnaît la loi de la pluralité des existences et la loi karmique arrive à supprimer le libre arbitre.

S'il n'est pas le triste jouet des caprices divins, il n'est plus qu'un accident de la matière. Ces deux conceptions également néfastes, également désespérantes, suppriment tout ce qui fait la valeur et la saveur de la vie, tout ce qui la rend digne d'être vécue : l'effort libérateur, le progrès, la sanction de nos actes, la responsabilité de notre avenir.

Comment de semblables doctrines peuvent-elles obscurcir si longtemps l'intelligence et la raison?

Il ne faut pas s'en étonner. Les progrès de l'Humanité sont lents, et l'avancement de l'Humanité ne doit pas se mesurer d'après l'élite de ses penseurs; mais d'après la mentalité de la masse des individus.

Cette mentalité, quelle est-elle? Il est très facile de s'en rendre compte par un rapide coup d'œil jeté autour de soi. On constate sans peine qu'il est très peu d'esprits hantés par le problème de leurs destinées.

La plupart des hommes absorbés par leurs passions, leurs ambitions, ou simplement par leurs soucis quotidiens, ne vont guère au delà de l'heure présente. Ils se contentent d'un à peu près fourni par des doctrines toutes faites : doctrines religieuses dans lesquelles ils ont été élevés, doctrines matérialistes courantes, à moins qu'ils ne se désintéressent complètement de la question dans un sens ou dans l'autre.

Il faut ajouter aussi que notre Humanité, au moins pour notre race, atteint cette période où la foi imposée qui est l'aliment premier des âmes jeunes, doit être remplacée par la croyance raisonnée, pain des âmes adultes.

Mais entre ces deux périodes, celle qui s'achève et celle qui commence à peine; il existe une sorte de temps d'arrêt, un point mort, où la conscience reste engourdie et paraît inerte comme la chrysalide dans son cocon.

Il est encore une autre raison qui peut expliquer cette sorte d'acquiescement à des doctrines qui devraient, semble-t-il, révolter le sens moral, c'est qu'au plus profond de la conscience réside quand même la notion confuse d'un Dieu juste et bon, notion qui tempère ce que le dogme aurait de trop barbare ou la constatation des faits de trop cruel.

Cependant, poussée par l'évolution, l'âme humaine dépasse le point mort, et s'oriente peu à peu vers la croyance raisonnée.

Elle cherche à sortir du dilemme où elle se trouve enfermée par l'idée d'une seule incarnation. Si Dieu, dit-elle, sait à l'avance ce que nous ferons, et il doit le savoir, sinon il cesserait d'être Dieu; nous ne sommes pas libres.

Si au contraire, nous sommes libres de choisir et d'opter, Dieu cesse d'être omniscient, il n'est plus Dieu.

Au premier abord, il semble impossible de résoudre un tel problème. En effet, sans la loi de Karma, sans la réincarnation, si toute la destinée d'un homme tient dans une existence terrestre qui

perd tout sens et toute proportion dans son unité :
il est insoluble.

L'homme qui ne voit rien avant, ni rien après sa
vie actuelle, amplifie tellement les effets de cette
dernière qu'elle finit par absorber tout l'univers.

L'individu en arrive à se considérer comme le
centre du monde, et à croire que ses petits agisse-
ments, ses mouvements infimes intéressent le salut
de la création, et menacent d'ébranler l'équilibre
universel.

L'idée qu'il se fait de Dieu est en accord avec
cette mesquine conception concentrant toutes ses
destinées dans la durée éphémère d'une existence
qui retombe de l'éternité après en être sortie une
seconde. L'homme se figure Dieu comme un ma-
gister, tantôt sévère, tantôt débonnaire, distribuant
pensums, bons points, exemptions, selon les cas,
et absorbé par le souci de la minuscule et obscure
personnalité humaine, comme si tout l'intérêt de
l'univers résidait en elle. Non, il faut laisser cette
idée simpliste et trop rudimentaire de la divinité,
aux âmes très jeunes qui ne peuvent s'élever encore
par le travail de leur intelligence jusqu'à une notion plus logique et plus vraie du rôle de Dieu dans
l'Univers.

Pour comprendre ce rôle et pour saisir les rapports que nous avons avec Dieu, il faut commencer
par admettre la pluralité des existences et la loi de
Karma.

Ces deux vérités essentielles peuvent seules dé-

montrer que Dieu tout en étant omniscient, nous
laisse libres et responsables, et dans quelle mesure
peuvent se manifester notre liberté et notre responsabilité.

Avec la loi de Karma, l'obscur problème s'élu-
cide. Ce qui paraissait incompréhensible s'illumine
d'une clarté soudaine. C'est Karma qui règle nos
destinées à travers la série des formes multiples qui
sont les éléments de notre séculaire évolution, c'est
lui, qui du point infime du germe inconscient qui
est notre origine, nous mène jusqu'à l'éclosion
complète de tous nos pouvoirs divins.

L'admirable loi karmique, c'est l'ordre logique,
l'harmonie sensible de la machine universelle. C'est
Karma qui préside à la marche des mondes célestes
dans l'espace, comme au jeu des atomes, comme
aux destinées des humanités et des individus.

Toutes les forces lui sont soumises, il est le
grand régulateur qui maintient par le seul jeu de
l'action et de la réaction l'équilibre de l'Univers.

Rien n'échappe à Karma, quels que soient l'origine d'un mouvement et le plan sur lequel il se
manifeste, la loi est identique. « Ce qui est en haut
est comme ce qui est en bas, » dit Hermès Trismé-
giste.

C'est par la simplicité de la cause que l'intelligence divine produit la multiplicité des effets.

Notre esprit qui vit dans le relatif et qui n'aper-
çoit que des parties infinitésimales de l'Univers a
peine à s'élever à la conception simple des lois uni-

verselles, à les saisir dans leur formule synthétique.

Notre intelligence est toujours poussée, non sans
raison, à partager, diviser, classer les faits, à analyser l'Univers ; il lui est plus difficile de s'élever
au-dessus du relatif, de saisir les lois essentielles
qui en sont la synthèse.

Nous nous figurons avec peine que les diverses
modalités sous lesquelles la vie se manifeste sont
le résultat de causes identiques, simplement trans-
posées sur un autre plan. C'est cette transposition
qui peut seule dans une certaine mesure nous
rendre accessibles les états supérieurs de la vie en
nous permettant de procéder par l'analogie.

La loi karmique est un des exemples les plus
frappants de l'universalité des lois essentielles qui
sont la base du monde.

Elle règle nos destinées comme elle règle le mouvement d'une pierre qui tombe, d'un wagon qui
roule, d'un levier qui soulève un fardeau.

Enfermés sur le plan matériel, limités par les
effets de la substance physique, nous avons du mal
à comprendre que des pensées, des sentiments, des
émotions puissent se comporter comme des forces
physiques.

Cependant nos pensées, nos sentiments, nos
émotions, ne sont pas autre chose que des forces,
ayant comme les forces que nos physiciens sont
appelés à mesurer : un point d'application, une
direction et une grandeur déterminés.

Nous sommes des centres producteurs de force, c'est-à-dire de mouvements. Nous agissons non seulement sur le plan physique par l'intermédiaire de notre corps physique pour produire des mouvements, nous agissons également sur le plan astral, sur le plan mental et sur tous les autres plans de l'Univers.

Nos sentiments, nos pensées, qui nous paraissent des choses abstraites parce que nous ne les percevons pas directement, sur leurs plans respectifs, dans leur milieu, n'en sont pas moins des choses fort concrètes, se traduisant par des vibrations, des mouvements qui sont sensibles, et comme toute force, mesurables.

Or, les lois de la mécanique physique se retrouvent les mêmes sur tous les plans. Quels que soient l'origine d'une force et le plan sur lequel elle agit, elle obéit aux lois fondamentales de la mécanique, c'est-à-dire à la loi karmique, et c'est cette loi karmique qui, appliquée au monde moral, vient éclairer le problème du libre arbitre en montrant comment peuvent s'exercer à la fois la liberté humaine et la prescience divine.

Ces lois essentielles de la mécanique, exposons-les très brièvement telles qu'elles se trouvent exposées dans le plus élémentaire des traités de physique.

On appelle force toute cause qui produit du mouvement.

On figure une force par une ligne dont la grandeur et la direction représentent la grandeur et la direction de la force considérée.

On appelle point d'application le point sur lequel s'exerce la force.

force

FIG. 1.

Deux ou plusieurs forces agissant dans le même sens s'ajoutent et produisent une résultante égale à la somme des composantes.

Soit le mobile M et les forces AM — AB — AC, qui s'exercent dans le même sens.

FIG. 2.

Le mobile M se déplacera comme s'il était mû par une seule force égale à la somme des trois forces considérées.

FIG. 3.

Deux forces agissant en sens contraire forment une résultante qui est égale à la différence des deux forces composantes.

Si ces deux forces sont égales, elles se détruisent mutuellement.

Soit le mobile M et les forces AM et AB agissant en sens contraire.

La résultante R est = à AM — AB et le mobile se comporte comme s'il était mû par la force RM = à la différence des composantes.

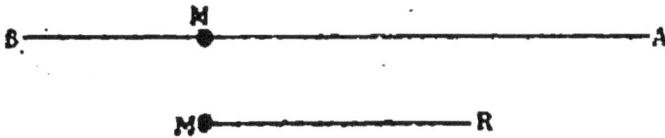

Fig. 4.

Si les deux composantes AM et BM étaient égales, le mobile M ne changerait pas de position puisque les deux forces composantes s'annuleraient mutuellement.

Quelles que soient les forces multiples qui agissent sur un même mobile, elles se combinent toutes entre elles pour former une résultante qu'il est facile de déterminer quand on connaît la grandeur, la direction et le point d'application de chaque force composante.

C'est par le calcul des forces qui agissent sur un mobile que la science est capable de déterminer le mouvement des astres, le jeu d'une machine, la puissance d'un levier, etc.

Si nous admettons que nos savants, nos ingénieurs possèdent par le calcul le moyen de prévoir les résultats qui naissent de la combinaison des forces, puisque nous voyons nos astronomes déterminer exactement quelle sera la position des étoiles de la Grande Ourse dans cinquante mille ans et retrouver la position de ces étoiles il y a cinquante mille ans, il nous est aisé de concevoir que l'Intelligence divine puisse trouver instantanément le résultat de toutes les combinaisons des forces qui se manifestent sur tous les plans.

Or, cette faculté de prévoir que nos ingénieurs, nos astronomes exercent sans cesse dans leurs travaux sans que nous soyons tentés de crier au miracle; voyons comment Dieu peut l'exercer à notre égard sans pour cela porter atteinte à notre liberté.

L'âme humaine est, nous l'avons dit plus haut, un centre de forces. C'est-à-dire qu'elle est capable de projeter autour d'elle des pensées, des sentiments, des émotions qui se traduisent par des vibrations, des mouvements nettement déterminés sur leurs plans respectifs.

Chaque fois que nous émettons une de ces forces; en vertu de la loi qui veut que toute force produise une réaction égale à son action, notre âme, que nous pouvons considérer comme un mobile lancé sur le chemin de l'évolution, subit cette réaction qui la pousse selon la nature de la pensée ou du sentiment, soit dans la direction de l'évolution, soit en sens contraire.

Comme nos pensées, nos sentiments sont limités, les forces qui émanent de nous sont limitées. Elles sont mesurables, elles ont une direction, une grandeur déterminée, un point d'application.

Ces forces se divisent en deux groupes qui s'op-

posent : 1º les forces en harmonie avec l'évolution,
c'est-à-dire le bien, 2º les forces en désaccord avec
l'évolution, c'est-à-dire le mal.

Quelle que soit la multiplicité de ces forces
dans un sens ou dans l'autre, chaque groupe se
résout en une seule résultante.

Ce sont ces deux résultantes qui déterminent par
leur combinaison la marche de l'âme sur le chemin
de l'évolution ; c'est par la mesure de ces forces que
l'intelligence divine est à même de prévoir non
seulement ce que nous ferons dans une existence
donnée ; mais encore tout ce que nous aurions pu
faire et que nous ne ferons pas.

Supposons une âme quelconque dans une incarnation donnée, nous représenterons cette âme comme
un mobile parcourant la route de l'évolution.

Cette âme en raison de ses états antérieurs
possède ce que nous pourrions appeler un certain
pouvoir moteur. Elle est comme une machine qui
peut produire un travail mécanique maximum de
10 chevaux, de 20 chevaux, de 30 chevaux.

Cette âme possède toute une série de forces
bonnes qui concourent ou qui pourront concourir
à son évolution et que nous représenterons par la
résultante B — M. 2º Les forces contraires à l'évolution, résistance des plans inférieurs : vices,
défauts, mauvais sentiments, mauvaises pensées,
mauvaises actions, etc., qui formeront la résultante
M qui s'opposera à la première.

Ces deux résultantes peuvent être aussi nettement déterminées par l'intelligence divine que nos ingénieurs déterminent l'action de deux forces sur un mobile.

L'âme incarnée ne pourra produire en bien, en raison de son degré relatif d'évolution qu'un certain maximum de bien, de même qu'elle ne pourra dépasser un certain maximum de mal.

De même son évolution imparfaite ne lui permettra pas de franchir un minimum déterminé soit en bien, soit en mal.

Ce sont ces points extrêmes qui limitent la liberté humaine. Mais cette liberté qui est incomplète au point de vue de l'intensité des forces, reste entière au point de vue de leur choix. L'âme est libre d'osciller entre le maximum de bien ou de mal qu'il est en son pouvoir de commettre.

Si elle produit le maximum de bien, elle produira le minimum de mal.

Fig. 5.

Si au contraire elle fait le minimum de bien, elle produira le maximum de mal.

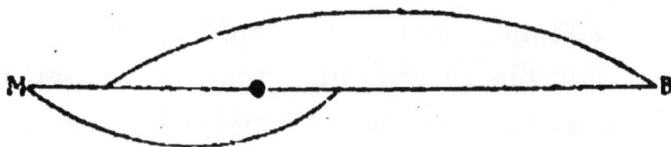

Fig. 6.

Mais ceci n'indique que les deux solutions extrêmes, l'âme est libre de produire toutes les séries de résultantes comprises entre ces oscillations extrêmes.

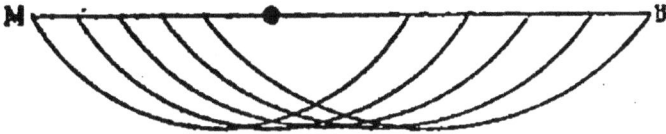

FIG. 7.

Dieu qui mesure exactement le pouvoir producteur de l'âme connaît fatalement toutes les possibilités qu'elle est capable de fournir.

Quels que soient ses actes, ils se ramèneront tous, soit à une des solutions extrêmes, soit à une des solutions comprises entre ces deux points.

Dieu, tout en nous laissant libres d'agir dans le sens qui nous plaît le plus, sait, de la manière la plus précise, par la simple mensuration des forces, que nous sommes capables d'émettre ce que nous ferons, et en même temps toutes les multiples combinaisons que nous aurions pu choisir à la place de la solution à laquelle nous nous sommes arrêtés de notre plein gré.

Il est évident que je ne parle pas ici des événements qui sont le résultat de nos vies antérieures et qui doivent se manifester dans le cours de notre existence terrestre. Ces événements sont des forces déjà réalisées sur les plans supérieurs et qui sont en voie de réalisation sur le plan physique.

Ces événements n'intéressent notre liberté actuelle que selon la manière dont nous en tirerons profit au point de vue de notre avancement.

Nous les avons générés librement et nous en subissons le choc en retour; c'est le Karma mûr auquel nous ne pouvons rien changer et que nous avons voulu. Notre liberté actuelle ne peut se manifester que pour la production du nouveau Karma ou pour la modification de forces dont la réaction lointaine peut être atténuée ou modifiée par de nouvelles actions.

Dans cette démonstration toute matérielle des manifestations même les plus subtiles de notre être, il ne faut voir qu'une grossière comparaison, n'ayant d'autre but que de rendre plus claire ma pensée.

Nous ne sommes pas encore sur ces plans élevés qui nous permettront de voir directement l'admirable mécanisme de l'Univers. Pour en saisir les ressorts secrets, nous n'avons que l'analogie qui puisse nous guider.

Tant que les yeux de l'homme intérieur ne seront pas ouverts, il faut nous résigner aux images physiques qui seules peuvent frapper nos yeux charnels.

La faculté que nous avons de créer à notre gré des forces pour ou contre l'évolution fait à la fois notre responsabilité et notre grandeur morale, en ce sens que nous sommes les seuls artisans de nos destinées; Dieu ne se mêle point de nous régenter;

peu lui importe le mobile auquel nous cédons, la solution que nous choisissons, puisque sa loi karmique a tout prévu.

Dieu n'a pas non plus à se préoccuper de nous punir ou de nous récompenser. L'idée de punition et de récompense se trouve forcément attachée à cette conception étroite qui représente Dieu absorbé par nos moindres actes, et tout occupé d'attribuer à chacun d'eux une pénalité ou une rétribution quelconque.

Il y a quelque chose de mesquin et de choquant de vouloir rattacher nos actions si puériles, si futiles pour la plupart à l'intervention personnelle de Celui qui anime tout l'Univers de son souffle. Il faut toute notre orgueilleuse ignorance pour croire que nos microscopiques mouvements d'infusoires, nos imperceptibles vibrations soient capables de masquer l'immense jeu des forces éternelles, capables de détourner à notre profit l'attention divine.

Non, Dieu est au-dessus de nos erreurs et de nos faiblesses. Pour nous soutenir, pour nous guider, il nous a donné sa loi karmique, la plus simple, la plus admirable, la plus sage, la plus providentielle des lois.

Loi qui dirige et harmonise par les mêmes procédés toutes les forces de la matière et toutes les forces de l'esprit. Loi qui tient dans quelques formules et peut-être dans un seul mot : équilibre.

Cette loi nous la méconnaissons, nous en troublons, mais si peu, le cours majestueux par nos ignorances, nos erreurs, nos folies d'enfant. D'elle-même, elle nous redresse et nous rappelle à l'harmonie, nous ramène à l'évolution par l'épreuve et la souffrance.

Providentiellement, mais d'une manière inflexible, Karma fait peser sur nous le résultat de nos actes avec la plus stricte équité, nous dispensant le bonheur ou les larmes, selon ce que nous avons voulu ou choisi.

Dieu n'intervient jamais directement dans l'accomplissement de nos destinées au sens tout individuel qu'une foi ignorante se plaît à le croire, pas plus du reste qu'il n'intervient personnellement pour diriger la chute d'un corps qui tombe, le mouvement d'un ballon qui s'élève dans l'air, celui d'un astre qui poursuit son cours dans l'espace. Dieu a créé la loi, et seul, Karma agit pour régler la chute de la pierre, l'ascension du ballon, l'orbite de l'astre, la marche de nos destinées.

Nous projetons des forces dont la réaction mathématique nous apporte la douleur ou le bonheur, l'épreuve ou la joie et qui suffit pour nous mener dans la voie de l'évolution et pour nous apprendre à discerner et à choisir.

Aucun de nos actes ne peut troubler l'inaltérable sérénité divine; rien ne peut exciter ni la colère, ni la pitié de Dieu. Ni nos prières, ni nos larmes, ni nos supplications ne peuvent émouvoir la grande âme de l'Univers et lui faire changer sa loi; car si

Dieu en interrompait le cours, seulement une seconde, le monde serait instantanément anéanti.

C'est l'inflexibilité de la loi karmique, sa rigoureuse et mathématique équité qui prouvent la sagesse et la bonté divine, et qui font briller pour nous l'image incomparable d'une divinité infiniment juste et prévoyante, et qui détruit sans retour, ces grossières figures d'un Dieu tout imprégné des passions et des faiblesses humaines.

Il ne faut pas croire que cette interprétation de l'action divine soit sèche et froide comme une formule algébrique. Au contraire, la connaissance de la loi de Karma épure et élève l'idée que nous nous faisons de Dieu et nous rend sa Providence plus sensible; car nous savons que tout dans la loi est équitable, et que les pires épreuves, les plus cruelles douleurs n'ont pas leur origine dans un acte d'inexplicable arbitraire; mais qu'elles sont l'application même de la plus exacte justice.

Mais que deviennent, direz-vous, la miséricorde, la pitié divine?

Cette idée de miséricorde, de pitié ne se comprend que si nous admettons également que Dieu punit ou reste insensible.

L'homme seul peut avoir l'idée de punir ou de pardonner, n'étant point comme Dieu, l'expression totale de l'Amour.

L'homme a des sentiments limités, mêlés aux passions terrestres; chez lui, l'amour se présente sous des formes multiples et changeantes, il pro-

cède par degrés que nous appelons bonté, miséricorde, charité, dévouement, affection, etc.

Mais l'amour de Dieu pour sa créature qui est
la plénitude de l'amour ne peut avoir de degrés;
il ne varie jamais de son expression, tel il s'est
manifesté à notre origine, tel il se manifestera à
notre fin.

Ce qui varie, c'est notre faculté de percevoir
et de concevoir cet amour, nous nous figurons
l'amour divin d'après les pâles et intermittents
rayons que notre âme discerne vaguement à travers les brumes épaisses dont elle est encore en-
veloppée.

C'est l'homme seul qui éprouve des sentiments
de miséricorde, de pitié, de charité, et non Dieu.
Car l'homme perçoit des gradations dans ses perceptions, et des différences dans les manifestations
de son amour à l'égard des autres hommes; Dieu
ne peut rien éprouver de semblable puisque son
amour est absolu.

Comment se fait-il que la miséricorde divine nous
paraisse parfois sensible dans son action, et que
Dieu exauce manifestement telle prière que nous
lui avons adressée soit pour nous, soit pour les
autres.

Nous commettons une erreur lorsque nous nous
imaginons que Dieu se laisse toucher par nos sup-
pliques ou y reste insensible. En réalité, toutes nos
prières sont toujours exaucées et voici comment.

Rien de ce que nous faisons ne nous est per-

sonnel; car notre Karma individuel n'est qu'un
élément actif du Karma général de l'Humanité.

Le mal que nous faisons est universel, puisqu'il
charge le Karma humanitaire; le bien que nous
faisons est également universel, puisqu'il accélère
l'évolution de la collectivité humaine.

C'est l'étroite liaison de notre Karma avec le
Karma général qui explique l'extrême puissance de
la prière et du sacrifice.

Ce qui nous paraît le résultat de la miséricorde
divine, n'est que le résultat visible pour nous de
l'accomplissement de la loi. Si Dieu semble exaucer
une de nos prières personnelles, c'est que notre
élan d'amour vers lui a pu détruire une force
mauvaise dont la réaction nous menaçait et dont
notre Karma permettait l'annihilation.

Si Dieu paraît exaucer une pière faite pour aider
autrui, c'est que d'abord nous avons accompli le plus
impérieux de nos devoirs. Cette prière, nous la
devons toujours à celui qui souffre; si elle s'est
trouvée réalisée, c'est que le Karma de celui que
nous assistons en permettait l'action bénéfique. Il
se peut aussi que le Karma de celui pour qui nous
prions comporte l'épreuve que nous désirons lui
épargner. Notre prière tout en ne paraissant pas
exaucée au sens précis que nous donnons à ce mot
n'en est pas moins réalisée; mais d'une autre
manière non moins active.

Force féconde, elle va enrichir les forces karmiques qui sont le trésor de l'Humanité.

Toute pensée d'amour annule beaucoup de mal,
et c'est parce que nous sommes étroitement solidaires que l'homme rachète l'homme et que le
dévouement de quelques grandes âmes : d'un
Bouddha, d'un Jésus peut soutenir le monde.

Si chaque unité humaine souffre des fautes et des
erreurs communes, chaque homme est un libérateur, un rédempteur de l'Humanité chaque fois que
s'oubliant lui-même, il vit *pour les autres.*

C'est par le sacrifice, par le dévouement total,
absolu, à nos frères, que nous arriverons à comprendre et à sentir pleinement cet amour divin qui
nous enveloppe et que nous ne concevons mal qu'en
le dénaturant de si étrange façon.

Un jour viendra où, comme Dieu, nous n'exerce-
rons plus des actes de pitié, de miséricorde, de
charité, de dévouement, qui ne sont que des formes
étroites et passagères de l'amour.

Comme le Logos, nous serons dans un état
perpétuel de miséricorde à l'égard de tous les
êtres ; car ce jour-là, nous aurons atteint la plénitude de l'Amour par la plénitude du sacrifice.

Si admirable que soit la loi karmique dans ses
moyens et dans ses fins, elle n'en est pas moins
fort rude dans ses applications.

La voie de l'évolution est si longue, si dure, si
douloureuse qu'il semble que Dieu que vous repré-
sentez et qui est l'infini de l'amour aurait bien pu
supprimer une si pénible initiation en créant d'em-
blée l'homme parfait, lui donnant tout de suite

le bonheur, le dispensant de l'ignorance et de l'épreuve.

Il est probable et même certain que si Dieu a employé pour appeler l'homme à lui le lent processus de l'évolution, c'est qu'Il avait d'excellentes raisons pour le faire, et peut-être même ne pouvait-il faire autrement ; c'est ce que nous allons essayer de démontrer :

1° Si Dieu avait créé les hommes parfaits, Il les aurait créés nécessairement tous semblables. La création aurait été nulle, puisque la vie qui résulte de l'inégalité des forces n'aurait pu se manifester.

Toutes ces forces égales se seraient neutralisées. Dieu aurait créé le néant.

2° Le bonheur serait impossible à concevoir pour des êtres créés parfaits. Si la souffrance n'existait pas, nul ne pourrait en avoir la notion, et par là même la notion de l'idée de bonheur qui lui est opposée ; comme la lumière ne se conçoit que par rapport aux ténèbres, le mouvement par rapport à l'inertie.

Des êtres créés parfaitement heureux n'auraient aucune conscience de leur bonheur, puisqu'ils n'auraient aucun point de comparaison, et ce bonheur serait pour eux comme s'il n'existait pas.

3° La perfection absolue est impossible à réaliser hors Dieu, il n'y a, il ne peut y avoir que des perfections relatives, tous les êtres étant finis, Dieu seul étant infini.

4° La création d'hommes d'âmes parfaites aurait supprimé la liberté.

Dieu veut que l'homme soit libre. L'être créé parfait ne serait qu'un être négatif, incapable de choix, puisqu'il n'existerait aucun mobile qui pût le solliciter dans un sens ou dans un autre : ce serait un automate ; mais non une personne.

5° L'homme parfait n'aurait aucune valeur, aucun mérite, puisqu'il aurait tout sans effort ; il ne serait, passez-moi l'expression ; mais je n'en trouve pas d'autre, qu'un fils à papa du bon Dieu, titre peu glorieux.

Dieu veut que nous soyons les artisans de notre divinité future, et nous ne pouvons trop l'en remercier.

Ces raisons sont je crois suffisantes pour expliquer la nécessité de l'évolution, la nécessité de créer des êtres imparfaits, et indéfiniment perfectibles ; mais elles ne nous disent point quel mobile peut pousser Dieu à créer des êtres humains, puisqu'Il possède tout en Lui.

Que lui apporteront ces créatures, qu'Il n'ait déjà ?

Que peut-Il attendre d'elles qui seront toujours finies, limitées, inférieures et qui n'atteindront jamais à la plénitude de ses pouvoirs et de son intelligence ?

Nous constatons par l'étude de la loi de l'évolution que toutes les formes, soit des règnes inférieurs, soit des règnes supérieurs ne sont que les degrés par lesquels s'élève un même principe spirituel qui est devenu ou qui deviendra âme humaine.

Toutes les apparences que revêtent les créatures ne sont que les enveloppes passagères sous lesquelles se poursuit la progression lente, constante, indéfinie de l'homme.

S'il existe des myriades de formes, il n'existe qu'un type d'être; l'être humain qui porte en lui le germe de ses destinées divines et qui est plus ou moins loin du but final qui doit le déifier.

Pourquoi Dieu éprouve-t-il le besoin de créer des hommes?

Parce que Dieu qui est le foyer ardent de l'Amour aime, il aime et il veut être aimé. C'est là le but unique de cette vie immense qu'il fait rayonner dans l'infini.

L'intelligence peut se suffire à elle-même; mais l'amour qui se donne aspire à la réciprocité.

Si nous considérons l'homme créé parfait, le but de l'amour serait-il atteint?

Non, car ces êtres ne seraient que de froids reflets de la divinité, des images exactes; mais sans individualité propre, répondant automatiquement, passivement à l'appel de la pensée divine, sans qu'aucune idée de choix, de volonté, de liberté ait pu présider à leur mouvement.

L'amour réciproque peut-il exister dans de telles conditions?

Non, car l'amour vrai n'existe que par le libre

don de la personne aimée, par l'acquiescement de
la volonté, par le choix.

Toute idée de contrainte, d'irresponsabilité, d'in-
conscience, détruit cette union entière, complète et
divine qui est le but de l'amour.

Si pour les manifestations élevées de l'amour
humain qui n'est cependant qu'une forme très
imparfaite de l'amour, il existe un tel scrupule, un
tel respect de la volonté, un tel désir du libre choix,
une telle horreur de la contrainte, comment Dieu
qui est l'expression la plus haute de l'amour, pour-
rait-il s'imposer à la créature, ce qui arriverait fatalement, si l'homme naissait parfait, dans un état
purement négatif, lui interdisant toute action individuelle?

C'est notre imperfection qui fait toute notre grandeur et toute notre valeur morale. C'est elle qui
nous permet de devenir des êtres distincts et indé-
pendants. C'est elle qui, en nous imposant le long
travail de l'évolution nous permet d'acquérir la connaissance et la sagesse. C'est elle enfin la source de
notre liberté et de notre responsabilité morale.

Créés parfaits, nous ne serions rien. Créés perfectibles, nous pouvons devenir tout et ce tout est
notre œuvre.

Dieu veut être aimé, ai-je dit; mais cet amour, il
le veut digne du sien, conçu dans la connaissance
et la sagesse.

Il veut pour conclure l'union mystique et défini-
tive, que l'âme soit pleinement consciente.

Les juristes ont dit ce mot très profond : mariage c'est consentement. Où il n'y a pas libre consentement, l'union ne peut être conclue ; de droit, elle est dissoute.

Or, pour que l'union mystique, le divin mariage s'accomplisse, il faut que l'âme ait appris à se rendre libre et à faire usage de sa liberté. C'est pourquoi Dieu refuse les âmes trop jeunes qui vont à lui par un instinct secret et irraisonné. S'Il laisse l'âme au début de son existence s'offrir naïvement à Lui dans la forme candide et simple d'une foi ardente ; mais aveugle, Il n'accepte que conditionnellement ce don imparfait et sans valeur d'une âme qui s'ignore encore.

Il laisse grandir cette âme, il veut que son intelligence s'affirme, interroge l'univers, s'interroge elle-même, cherche librement sa voie à travers les révoltes de sa raison, les errements du doute, les chemins arides du matérialisme et de la négation ; car ces chemins arides la mèneront aux champs féconds de la croyance raisonnée, de cette foi non moins ardente, non moins sincère que la première ; mais plus consciente et plus haute dans sa lumineuse certitude.

Dieu, en nous faisant naître d'un germe inerte, en nous imposant l'évolution, s'est montré le plus tendre, le plus sage, le plus prévoyant, le plus généreux des pères.

Toute notre grandeur future, il la fait tenir dans notre effort, dans notre incessant travail pour réaliser une perfection chaque jour plus grande.

Dieu ne pouvait accomplir d'œuvre plus sublime, plus digne de son admirable sagesse.

Qu'importent les larmes et la douleur, si par elles, il nous est permis de connaître la loi juste et bonne, si par elles, nous marchons à la conquête de la plus haute et de la plus large des libertés, si par elles, il nous est donné de concevoir la grandeur de notre avenir et de nous sentir les maîtres de nos destinées, si par elles nous sentons que nous sommes des créatures responsables et libres, et que rien, pas même la volonté divine, ne peut nous atteindre dans cette responsabilité et dans cette liberté.

Si nous souffrons dans les stages inférieurs de la vie, c'est qu'il est nécessaire pour accélérer notre évolution que nous sentions vivement les atteintes portées à la foi afin d'apprendre plus vite à vivre en harmonie avec elle au lieu de la contrarier, c'est qu'il faut que l'expérience nous apprenne à nous orienter dans la bonne voie, à agir avec discernement et sagesse.

Pendant toute notre évolution, Dieu nous laisse agir à notre guise. Il nous abandonne à nous-mêmes sous l'égide du Karma qui nous guide, nous soutient, nous redresse; mais jamais il n'intervient pour en modifier le cours.

Dieu ne se laisse fléchir ni par nos révoltes, ni par nos larmes, ni par nos prières; car il ne pourrait suspendre l'effet de sa loi sans détruire tout l'univers. C'est pourquoi nous devons accepter les fruits du Karma que nous avons semé.

Si Dieu cesse pour nous d'être le bon vieillard à barbe blanche, assis sur son trône de nuages, figure chère à nos imaginations jeunes, si nous devons le considérer d'une manière plus conforme à sa grandeur et à la maturité de notre esprit, notre foi et notre confiance en sa divine paternité ne doivent être ni amoindries, ni diminuées.

S'il est puéril pour des théosophes de demander à Dieu de modifier le cours de nos destinées humaines, de le prier pour des banalités, des choses futiles, matérielles et souvent contraires à nos intérêts réels, puisque nous devons accepter la conséquence des actes qui ont amené nos épreuves actuelles, nos prières ne peuvent s'élever trop ardentes pour lui demander d'illuminer nos âmes d'un rayon de sa lumière, pour le prier de relever notre courage, d'éclairer notre intelligence, d'agrandir nos cœurs au contact de sa grande âme. Nous ne pouvons trop chercher à nous rapprocher de Lui, nous ne pouvons trop l'admirer dans ses œuvres, contempler sa divine création et le remercier de nous avoir appelé à Lui.

Jamais nous ne méditerons assez sur son amour, sur sa sagesse, sur la merveilleuse ordonnance de son univers, et jamais aussi nous ne sentirons plus vivement son adorable présence que le jour où faisant abstraction de notre imperceptible moi, nous laisserons de côté nos petits soucis, nos petites souffrances, nos petites épreuves, pour Le contempler en esprit et en vérité.

Alors, nous sentirons déborder notre cœur gonflé de reconnaissance, et d'elles-mêmes les paroles monteront à nos lèvres pour glorifier le Tout-Puissant.

Créateur sublime, juste et bon, je te remercie de m'avoir amenée à toi par la voie douloureuse de l'évolution.

Par elle, j'ai appris qu'il y avait ta loi à respecter, que j'avais des frères à aimer et à servir, et qu'en les aimant et les servant, c'est toi que j'aime et que je sers.

Par elle, j'ai appris qu'il existait un bonheur suprême à conquérir, et que cette conquête ne dépendait que de moi seule.

Par elle, j'ai appris que j'étais libre, que j'étais non une chose, mais une personne, et de cela je te remercie plus que de tout le reste.

Si tu m'avais créée parfaite, je n'aurais été que ton esclave inconsciente.

En me créant perfectible, en me laissant être le propre instrument de ma perfection, c'est librement, ô mon Dieu, que je me donne à toi, du triple consentement de ma volonté, de mon intelligence et de mon cœur.

V

Etude sur les Phénomènes
de la Mémoire

Parmi les nombreuses facultés intellectuelles départies à l'homme; la mémoire, cette faculté que l'esprit possède de rendre de nouveau sensibles à l'intelligence les impressions perçues antérieurement, est une des plus extraordinaires.

Cette faculté ne commence à être un peu connue que depuis une cinquantaine d'années. Jusqu'alors, les observations faites sur la mémoire n'avaient porté que sur la mémoire normale, c'est-à-dire sur la mémoire qui fonctionne à l'état de veille.

Or, la mémoire normale est une faculté intermittente, variable, fugace, capricieuse, sujette à de nombreuses défaillances, et très diverses dans ses manifestations selon les individus.

Mais, à côté de la mémoire normale, les expériences tentées par les hypnotiseurs et les magnétiseurs depuis un demi-siècle, sont venues révéler d'une manière qui ne laisse prise à aucun doute, que l'homme possède, indépendamment de cette mémoire imparfaite dont il a seulement conscience à l'état de veille, une mémoire admirable qui fonctionne à son insu, sans qu'il s'en rende compte, et qui se révèle dans certaines conditions : sommeil hypnotique par exemple, comme le plus exact et le plus délicat des appareils enregistreurs.

L'existence de cette mémoire parfaite, de cette mémoire intégrale est maintenant admise et reconnue par la science officielle. Tant d'expériences ont été faites et refaites pour en prouver l'existence que le doute n'est plus possible.

Voici comme s'exprime à ce sujet un de nos professeurs de la faculté de Paris : « Autrefois, « dit M. le professeur Ch. Richet dans un discours « prononcé le 6 février 1905, autrefois la mémoire « était considérée comme une faculté intellectuelle « très simple.

« Il est des faits dont on se souvient, d'autres « dont on ne se souvient pas : par conséquent, la « limite est nettement tracée entre les réminis- « cences et les créations mentales.

« D'un côté, des choses que l'on a connues et « qui reparaissent; de l'autre, des choses qu'on « ignore et qu'on construit par l'imagination et le « raisonnement.

« Puis, l'étude approfondie de l'hypnotisme a eu
« entre autres ce précieux avantage de nous faire
« connaître toute une série de phénomènes bien
« singuliers sur la mémoire, et de nous révéler que
« la mémoire est une faculté implacable de notre
« intelligence ; car aucune de nos perceptions n'est
« jamais oubliée.

« Dès qu'un fait a frappé nos sens, alors de
« manière irrémédiable, il se fixe dans la mémoire.

« Peu importe que nous ayons gardé la con-
« science de ce souvenir ; il existe, il est indélébile.

« En un mot : la conscience oublie souvent, l'in-
« telligence n'oublie jamais.

« Cette mémoire inconsciente, subliminale,
« pour employer l'heureux mot de Fred. Myers,
« est toujours éveillée, attentive, perspicace, elle
« se mêle à tous nos sentiments, à tous nos actes,
« et constitue un véritable moi ; mais un moi
« inconscient qui a sur le moi conscient cet avan-
« tage inappréciable de ne jamais laisser perdre la
« plus petite parcelle de ce que les hommes et les
« choses, dans le cours de notre existence, nous
« ont apporté. »

La science officielle constate l'existence de la
mémoire intégrale ; mais elle ne nous en explique
pas le mécanisme, pas plus du reste qu'elle n'explique le mécanisme de la mémoire normale ; le
savant matérialiste qui ne voit dans la pensée qu'une
sécrétion cérébrale ne peut élucider le problème, et
quoi qu'il fasse, il se heurte à des impossibilités.

Le philosophe spiritualiste qui ne considère l'homme hors du corps physique que sous l'aspect d'un pur esprit, se heurte également à d'autres impossibilités. Seule, la Théosophie, en nous révélant la constitution de l'homme, sa vie sur différents plans peut jeter quelque lumière sur l'obscur problème.

Envisageons d'abord quelle est pour l'homme la nécessité de posséder la faculté du souvenir.

La mémoire est une faculté fondamentale d'où découle tout le progrès de l'individu. Sans la mémoire, et une mémoire parfaite dès l'origine, il n'y a pas d'évolution possible.

La mémoire est pour l'homme la condition de l'expérience. Que serait l'intelligence humaine si, douée de la faculté d'acquérir des connaissances, elle ne pouvait les conserver, ou si même en les conservant, elle ne pouvait les rappeler quand elle en a besoin.

Indépendamment des souvenirs qui résultent de l'exercice de la mémoire, certaines idées ne nous sont fournies que par elle.

L'idée de notre durée, celle de notre identité ne nous sont révélées que par la mémoire qui constate une modification actuelle en la comparant par le souvenir à une modification passée.

L'idée de succession ne peut s'offrir également à notre esprit, qu'autant que chaque phénomène nouveau s'oppose aux phénomènes qui l'ont précédé.

C'est aussi la mémoire qui affirme notre individualité. Par l'enregistrement intégral de tous nos actes et de toutes nos perceptions, elle consigne nos acquis et nos expériences.

C'est elle qui permet de déterminer exactement pour chacun de nous le degré de notre évolution. Ce sont les enregistrements de la mémoire qui constituent le livre de vie ; ce livre que consultent les Seigneurs de Karma, c'est-à-dire les grandes âmes qui dirigent l'évolution, lorsqu'il s'agit de fournir à l'homme les éléments d'une nouvelle incarnation.

Le souvenir, les stages, et les aspects différents de notre évolution indéfiniment conservés, nous sauvent de cette absorption finale dans le grand Tout, que quelques-uns considèrent comme le Nirvana, et qui ne serait que le néant des matérialistes venant couronner l'évolution humaine. Si les hommes arrivent au même but, les caractères particuliers de leur évolution, préservés par le souvenir, laissent à chacun d'eux leur physionomie originale, sa marque, son aspect individuel.

La mémoire intégrale fonctionne sur tous les plans. De même qu'il existe sur chaque plan une conscience destinée à rendre perceptibles pour l'Ego les phénomènes vitaux réalisés sur ce plan ; il existe également pour chaque plan un centre de mémoire destiné à recueillir fidèlement toutes les impressions subies par l'homme sur le plan où il est en activité.

Quels sont ces centres de mémoire ? Ce sont ces

atomes permanents que l'homme entraîne avec lui
à travers les états multiples de son évolution, et
qui sont destinés à vibrer sous toutes les influences
venant de leur plan respectif.

L'homme possède dès l'origine des atomes de
substance appartenant aux différents plans de l'univers, et ces atomes persistent à travers toutes les
phases de sa vie. Ainsi les atomes permanents physiques survivent à la mort du corps physique et
gardent le souvenir des expériences subies par le
corps qui vient de mourir.

Comment une particule de substance peut-elle
conserver tant d'empreintes multiples? Les phénomènes de la psychométrie nous prouvent que rien
de ceci n'est impossible.

Le psychomètre qui examine un minuscule
fragment de pierre emprunté à la villa de Cicéron,
et qui retrouve photographié en quelque sorte sur
ces quelques atomes de matière brute toute une
époque disparue se déroulant devant lui comme les
images animées d'un cinématographe, nous révèle
en partie ce que peut être cet enregistrement interne
de toutes les impressions qui viennent nous
frapper.

Toutefois, ces enregistrements de la mémoire
intégrale ne sont pas perceptibles à l'homme actuel,
même désincarné, dans leur totalité.

Le souvenir des vies antérieures n'est permis qu'à
l'homme suffisamment avancé pour en supporter le
poids sans fléchir.

Le souvenir total du passé serait une entrave et non une aide pour le mental humain qui ne serait pas assez fort pour débrouiller la masse énorme et contradictoire de tant d'impressions complexes; l'oubli temporaire et partiel est indispensable pour permettre à l'activité humaine de se tourner vers le présent et vers l'avenir.

Cependant, même chez l'homme ordinaire, les acquis de la mémoire intégrale peuvent se manifester partiellement d'une manière inconsciente; de nombreux faits prouvent la réapparition de certains enregistrements : souvenir d'une langue apprise dans une vie passée; Méry qui tout enfant savait le latin sans l'avoir étudié; Pascal qui retrouve seul d'instinct sans maître et sans livre les propositions d'Euclide, Mozart compositeur à sept ans, et tant d'autres exemples, indépendamment des exemples fournis par le souvenir d'existences antérieures. Les progrès de l'évolution amènent l'homme à devenir conscient de sa mémoire intégrale; mais ce n'est le cas actuellement que pour un nombre très restreint d'individus.

La mémoire normale est la faculté dont nous nous servons tous les jours; elle ne présente pas ce caractère d'infaillibilité qui est le lot de la mémoire intégrale; au contraire, il n'y a pas de faculté plus capricieuse, plus variable, plus changeante.

Rangée parmi les facultés intellectuelles, elle est cependant indépendante de la qualité d'intelligence des individus. Des hommes d'une intelligence hors pair comme le célèbre Darwin peuvent n'avoir à leur service qu'une mémoire déplorable. Des êtres très médiocres au point de vue intellectuel se trouvent doués quelquefois d'une mémoire remarquable.

Les aptitudes mnémotechniques sont extrêmement diverses ; certaines personnes ont une excellente mémoire visuelle ; chez d'autres, domine la mémoire auditive ; certains possèdent la mémoire des faits ; mais n'ont pas celle des idées, d'autres ont la mémoire des idées, tandis que celle des faits est fugace. Chez le même individu, la mémoire varie avec l'âge et l'état de santé.

A son apogée pendant l'enfance et la jeunesse, vers l'âge de trente ans, la mémoire perd de sa souplesse ; avec la vieillesse, elle s'affaiblit pour disparaître quelquefois complètement.

La maladie, le surmenage cérébral, certaines blessures à la tête, certaines paralysies abolissent partiellement ou totalement le phénomène de la mémoire.

C'est que le fonctionnement de la mémoire normale est intimement lié à des conditions particulières d'ordre physique qui en déterminent le jeu plus ou moins parfait, tandis que la mémoire intégrale fonctionne indépendamment de ces conditions physiques.

L'homme incarné est destiné à vivre sur le plan physique.

Normalement, à l'état de veille, il est soumis à

sa conscience physique. C'est-à-dire que ses impressions aussi bien que ses intellections sont déterminées par le monde physique.

Ceci est très facile à comprendre lorsqu'il s'agit des sensations fournies par la vue, l'ouïe, l'odorat, le goût et le toucher.

Mais l'homme ne fait pas qu'éprouver des sensations; il a des pensées, des idées qu'il se formule à lui-même et qu'il cherche à exprimer aux autres.

Ces pensées, sur leur plan d'origine, le plan mental, ont une forme déterminée qui n'est pas la forme qu'elles ont sur le plan physique.

Le mental doit, pour rendre la pensée qu'il veut exprimer sur le plan physique, sensible d'abord à sa conscience physique, et sensible à la conscience des autres individus, la revêtir d'une forme spéciale représentée généralement par le langage écrit ou parlé.

Prenons la pensée suivante par laquelle je veux traduire l'amour que j'ai pour Dieu. Si je suis française, je dirai ou j'écrirai : « J'aime Dieu »; allemande « Ich liebe Gott »; anglaise « I lowe God, etc. »

Voilà la même pensée qui s'exprime sur le plan terrestre par une foule de consonnances et de signes différents.

L'homme ne peut penser sur le plan terrestre sans incorporer sa pensée dans une forme qu'il emprunte, soit au monde physique, soit aux signes conventionnels fournis par les langues écrites ou parlées.

Sans cette incorporation préalable de la pensée, la conscience physique est incapable de la percevoir, et si notre propre mental pendant l'état de veille peut rendre sensible à lui-même les idées qu'il porte en lui, il doit les faire passer devant l'écran de la conscience physique, revêtues des formes accessibles à cette conscience.

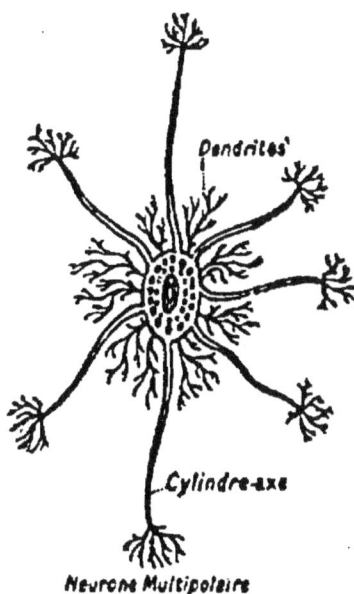

Fig. 8.

Pour comprendre nettement les opérations mentales qui s'opèrent dans notre cerveau, il est absolument utile de posséder quelques notions sommaires sur la constitution intime de cet organe.

L'élément fondamental du cerveau; c'est la cellule nerveuse.

Les cellules nerveuses se rencontrent principalement dans la substance grise des centres nerveux dont elles forment la plus grande partie.

Leurs dimensions varient de 10 à $\frac{140}{1000}$ de milli-mètres. Leur forme est également variable. Toutes sont munies de prolongements arborescents appelés *dendrites* et qui sont plus ou moins nombreux.

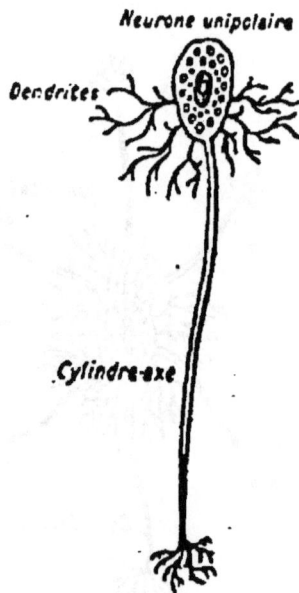

Fig. 9.

Chaque cellule possède un prolongement, non ramifié, n'ayant que des arborisations terminales : c'est le cylindre-axe.

Chaque cellule est formée d'une sorte de gelée transparente parsemée de petits grains. Au centre de ce protoplasma granuleux se trouve un noyau contenant lui-même un petit noyau ou nucléole.

Les cellules nerveuses sont indépendantes les
unes des autres, elles ont la propriété de contracter
ou d'étendre leurs prolongements ramifiés (dendrites).

Les cellules nerveuses portent le nom de neurones. On les divise en neurones courts et en neurones longs.

Les neurones longs sont caractérisés par la lon-
gueur souvent considérable de leur cylindre-axe
qui va se terminer librement dans d'autres centres
nerveux ou à la périphérie.

Le cylindre-axe sert de conducteur, soit pour
transmettre jusqu'à la cellule nerveuse les impressions venues du dehors, soit pour transmettre exté-
rieurement les ordres du mental aux organes qui
doivent les exécuter.

Les neurones courts sont ceux dont le cylindre-
axe ne dépasse pas les limites de la substance grise
où siège leur cellule d'origine.

Ces neurones, appelés neurones d'association,
mettent en rapport les neurones longs, servant
à transmettre les ordres du mental, avec les
neurones longs qui apportent au mental les impressions venues du dehors par l'intermédiaire
des nerfs.

Voilà l'appareil : voyons maintenant comment il
fonctionne.

Prenons le neurone long A, dont le cylindre-
axe est en c tact avec le nerf sensitif S, qui aboutit à mon index, et le neurone long B qui est en

rapport avec le nerf moteur M qui actionne mon bras. Supposons que je me pique le doigt; le courant nerveux suit le nerf sensitif S, parvient jusqu'au neurone A qui se contracte, et par ses mouvements, fait éprouver à mon mental la sensation douloureuse de la piqûre; immédiatement mon

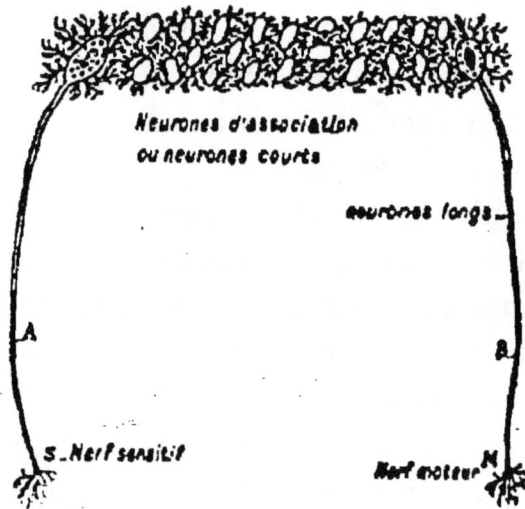

Neurones d'association
ou neurones courts

neurones longs

A

B

S _ Nerf sensitif

Nerf moteur M

Fig. 10.

mental va réagir et ordonner au bras de retirer le doigt blessé.

Le courant nerveux quittant le neurone A, va suivre la chaîne des neurones courts, et impressionner le neurone B, qui va transmettre par le cylindre-axe l'ordre donné au nerf moteur M. Celui-ci fera exécuter au bras le retrait de la main imposé par le mental.

Les cellules cérébrales par l'allongement ou la

contraction de leurs dendrites, laissent passer ou interrompent le courant nerveux.

Pendant le sommeil profond, les neurones opèrent le retrait de leurs tentacules qui se détachent les uns des autres, empêchant le courant de se propager. L'activité cérébrale ne s'impose plus au mental, qui, dégagé de l'entrave du corps physique, peut entrer en action sur d'autres plans : plan astral ou plan mental. Dans l'état de demi-sommeil, une partie des cellules reste en activité, et le courant nerveux n'étant plus soumis au contrôle de la volonté, par le demi-dégagement de l'Ego[1], parcourt les cellules éveillées, provoquant les sensations étranges et les images incohérentes du rêve ordinaire. Enfin, si les neurones refusent de se rétracter, nous sommes en proie à l'insomnie.

Certaines substances : thé, café, déterminent l'allongement des neurones; d'autres : chloroforme, chloral, provoquent leur retrait et amènent le sommeil.

Les passes magnétiques produisent le même sommeil, et le magnétiseur peut à son gré, paralyser ou exciter tel ou tel groupe de neurones.

Il ressort de tout ceci que le cerveau fonctionne comme un poste télégraphique : une série de neurones A, jouant le rôle des appareils destinés à enregistrer les dépêches venues du dehors et qui sont ici les impressions envoyées par les sens; et

---

1. Ego ou moi.

une série de neurones comme le neurone B, servant à envoyer les ordres du mental à l'extérieur.

Le courant passe entre les neurones longs par l'intermédiaire des neurones d'association.

Le mental est comme l'employé du télégraphe qui, d'une part reçoit les dépêches venues de l'extérieur, et d'autre part expédie les dépêches qui doivent être envoyées au dehors. Les opérations du mental sont plus compliquées que la manipulation d'un appareil télégraphique ; car le cerveau est une collection immense d'appareils télégraphiques que le mental doit faire fonctionner.

On a constaté qu'il existe dans le cerveau des localisations, c'est-à-dire qu'une certaine région est affectée à telle faculté ou à tel groupe de mouvements. Exemple : la localisation de la mémoire auditive, celle de la lecture, celle du langage articulé, etc.

Si les neurones qui servent au langage articulé sont frappés de paralysie, le malade entend, lit ; mais ne peut parler.

Si ce sont ceux de la mémoire auditive, le malade lit, écrit, parle ; mais il ne peut saisir le sens des mots qu'il entend.

On cite des gens blessés à la tête ayant perdu la mémoire des verbes, d'autres celle des noms, les malades retrouvant cette faculté après guérison.

Chaque groupe de cellules nerveuses est affecté à un rôle spécial et peut être mis en rapport avec d'autres groupes de cellules sous l'action du mental. Le mental doit posséder la connaissance de toutes les localisations et le mécanisme de leurs rapports afin d'associer les éléments dont il a besoin.

Exemple : si je veux exprimer la phrase suivante : « Vous mangerez de bon pain. » Mon mental doit, pour revêtir l'idée qu'il veut émettre, puiser dans la localisation affectée aux pronoms, puis dans celle affectée aux verbes, aux adjectifs, aux noms, enfin transmettre à l'organe de la voix les mouvements à exécuter pour prononcer la phrase : Vous mangerez de bon pain.

Le maniement d'un appareil aussi compliqué que le cerveau, demande une éducation spéciale qui se fait pendant l'enfance et la jeunesse.

La première partie de cette éducation, celle qui commence à la première sensation perçue par le nouveau-né, est celle qui consiste à meubler chaque localisation avec les éléments qui lui sont propres.

C'est-à-dire que par la répétition du même phénomène, les cellules de chaque localisation s'habituent à s'allonger ou à contracter sous l'influence des vibrations qu'elles doivent enregistrer et reproduire ; par l'hérédité ces facultés se transmettent de cellule à cellule.

Puis, lorsque les éléments sont suffisants, le mental commence à s'en servir ; il les groupe, il les relie et exprime peu à peu ses pensées, ses sentiments, ses volontés.

Cette éducation particulière des localisations cérébrales se fait plus ou moins rapidement selon le bon fonctionnement de la localisation considérée, et cela en dehors de l'intelligence du sujet. Celui qui a été à même d'examiner beaucoup de très jeunes enfants, constate que des enfants médiocrement doués apprendront très vite à lire par exemple, que d'autres fort intelligents éprouveront d'immenses difficultés à assembler leurs lettres ou à mettre l'orthographe ou à retenir des noms propres, des dates.

Beaucoup d'enfants même font illusion dans leur enfance sur leurs facultés réelles, ils sont de petits prodiges jusqu'à huit, dix ans, puis ils deviennent ensuite des sujets fort médiocres.

Cela tient à la souplesse de leurs neurones, qui très facilement enregistrent les impressions extérieures et les reproduisent, c'est-à-dire à la vitalité de la substance cérébrale ; plus tard, leur infériorité intellectuelle se manifeste par l'incapacité que montre leur mental à tirer parti des éléments fournis par la mémoire qui devient insuffisante comme faculté intellectuelle, lorsque le raisonnement doit entrer en action. La mémoire normale est la faculté qui domine dans l'enfance et la jeunesse, c'est-à-dire pendant toute cette période d'acquis et d'expériences que le mental est obligé de subir avant d'être capable de manier l'appareil cérébral qu'il a à sa disposition.

Pendant toute cette période d'assimilation, le mental note les impressions qui lui viennent du dehors, il les détermine, il prend connaissance des signes conventionnels qui servent à exprimer les idées (langage parlé, langage écrit).

Quand le mental est en possession des acquis qui lui sont nécessaires pour fonctionner dans sa plénitude, c'est-à-dire entre vingt-cinq et trente ans, la mémoire normale s'affaiblit ou paraît s'affaiblir, parce que la vie mentale de passive qu'elle était dans l'enfance et dans la jeunesse est arrivée à son maximum d'intensité.

Tant que le mental n'a qu'une action restreinte sur le cerveau, l'intelligence est passive. Le cerveau est puissamment impressionné par les vibrations extérieures qui frappent vivement l'imagination.

C'est pourquoi les souvenirs d'enfance sont si nets, rien ne distrait le mental du spectacle extérieur qui frappe fortement le moi passif et crée des formes puissantes qui persistent dans l'aura (rayonnement psychique qui s'irradie autour des individus).

A mesure que le mental commence à intervenir activement dans le jeu du cerveau, et que de spectateur il devient acteur, il substitue les idées aux faits et la volonté cherche moins à retenir l'image des choses extérieures et davantage les idées qui naissent des faits et de leur corrélation.

La mémoire normale s'efface devant les opérations du raisonnement.

Notre mémoire normale passe au second plan parce que : l'Ego d'une part est devenu plus détaché des choses extérieures et d'autre part agit constamment sur les neurones pour leur faire exprimer ses sentiments et ses pensées ; en d'autres termes, ce sont les fonctions de relation entre les différents groupes de neurones qui priment les fonctions d'assimilation de la première période de la vie intellectuelle.

Au point de vue de la mémoire pure, son siège n'est pas dans le cerveau ; le cerveau ne fournit que les éléments du souvenir et non le souvenir lui-même. En effet, les cellules nerveuses n'ont qu'une durée très éphémère. Si la cellule nerveuse était la base du souvenir, c'est-à-dire si elle se comportait comme un cliché photographique, la dernière impression devrait être la plus vive, tandis que des événements récents disparaissent totalement de notre mémoire normale, qui conserve très nets des souvenirs remontant à notre toute petite enfance. Le peu de durée d'une cellule n'expliquerait la permanence du souvenir qu'en le faisant se transmettre par une hérédité bien compliquée.

Enfin, l'étude des localisations cérébrales ne peut expliquer l'enregistrement total d'un souvenir qui, en réalité, s'est trouvé soumis à des enregistrements divers et partiels. Exemple : le souvenir d'un voyage comporte des séries d'impressions qui ont affecté séparément des localisations très différentes : mémoire visuelle des couleurs, des formes, mémoire auditive, mémoire tactile, mémoire des émotions, des sentiments éprouvés, etc.

Non, le phénomène de la mémoire normale n'a pas son siège dans la cellule nerveuse; la cellule nerveuse fournit seulement les éléments nécessaires au revêtement de la pensée que le mental projette devant la conscience physique lorsqu'il veut de nouveau la percevoir à l'état de veille.

Le souvenir à l'état de veille peut être provoqué de deux façons :

1° Le mental cherche le souvenir qu'il veut revivifier dans sa mémoire intégrale où il est inscrit d'une manière parfaite, puis il tente de projeter ce souvenir devant l'écran de la conscience physique après l'avoir revêtu des éléments fournis par les neurones.

Selon le bon fonctionnement de ces neurones, le souvenir se projette net ou diffus, complet ou incomplet, devant la conscience physique.

Il arrive même que le mental ne peut pas du tout réaliser son désir si les neurones refusent de répondre, comme les demoiselles du téléphone, à ses appels réitérés; quelquefois la communication se produit après coup. Au moment où l'on n'y pense plus, le souvenir cherché apparaît.

Il nous arrive souvent d'avoir la sensation très nette de cette difficulté qu'éprouve le mental à s'exprimer par l'intermédiaire du cerveau physique. Nous sentons que nous savons parfaitement l'idée qu'il nous est impossible de formuler. La difficulté provient des neurones qui refusent de reproduire la vibration nécessaire à l'expression de la pensée sur le plan physique.

Même lorsque nous sommes dans la plénitude de nos facultés, notre mental ne peut qu'imparfaitement se manifester sur le plan physique, le cerveau étant impuissant à fournir toutes les possibilités que le mental hors du corps physique est capable de donner.

Le sommeil somnambulique, certaines substances comme le haschich, ont prouvé que l'homme normal n'exprime qu'une petite partie des pouvoirs intellectuels de l'homme intégral.

Sur le plan physique l'homme est esclave de son cerveau comme l'employé des téléphones est soumis aux conditions de l'appareil qu'il manie.

Si le cerveau est dépourvu d'éléments, si les neurones n'ont pas reçu cette éducation spéciale qui leur permet de répondre aux appels du mental; celui-ci, malgré son développement réel, ne peut se manifester que d'une manière insuffisante.

On rencontre fréquemment dans le peuple de très belles intelligences qui ne peuvent arriver à traduire les activités de leur mental, parce que le cerveau physique n'a pas été éduqué. Chez ces individus, les expressions supérieures d'art, de science ne peuvent se formuler, parce que les cellules cérébrales n'ont jamais vibré sous ces expressions, et ne peuvent reproduire ces vibrations lorsque le mental en a besoin.

Il ne suffit pas que nous voulions évoquer un

souvenir pour que ce souvenir réapparaisse, il
faut que notre cerveau permette la matérialisation
de ce souvenir devant la conscience physique.

Tout ce qui porte atteinte au bon fonctionnement
du cerveau porte atteinte à la mémoire. Affaiblis-
sement des neurones par l'âge ou la maladie, épui-
sement nerveux, surmenage, etc. Nous venons
d'examiner ici le souvenir provoqué par la volonté.

Tous nos souvenirs ne sont pas le rappel volon-
taire d'un événement antérieur. Nous sommes
souvent envahis par des images ou des idées que
nous n'avons pas provoquées, par des souvenirs
qui se présentent avec persistance et que nous
n'avons pas cherchés, que nous désirons même
éloigner, que nous repoussons avec force.

Ici se produit un phénomène indépendant de la
volonté.

La science spiritualiste nous enseigne que les
pensées sont des entités définies ayant une existence réelle; ces pensées, *ces formes-pensées* pour
mieux dire, peuplent notre aura et toute l'atmosphère terrestre; se groupant selon leurs affinités
réciproques ou s'opposant les unes aux autres.

Notre cerveau est un instrument extrêmement
sensible; il est capable d'être plus ou moins
impressionné par ces formes-pensées.

On pourrait le comparer à un beau lac qui reflète
les nuées du ciel.

Si une forme-pensée, ou un groupe de formes-pensées passe devant l'écran de la conscience physique, le mental en est averti et les perçoit.

Certaines formes-pensées ont été créées par des événements antérieurs ; lorsqu'elles passent devant l'écran de la conscience physique, le mental les reconnaît, bien qu'il n'ait pas provoqué leur apparition, amenées par les mystérieuses affinités qui relient les pensées entre elles.

Il nous arrive par exemple d'être soudainement envahis par un groupe de pensées tristes, sans que nous sachions pourquoi. Il suffit que nous nous soyions trouvés en contact, même avec une personne inconnue, tourmentée par une angoisse morale, qui a pu mettre en mouvement dans notre aura, des formes-pensées qui ont vibré sympathiquement et qui ont pu nous affecter.

Le passage devant la conscience physique de formes-pensées créées par les événements de notre vie passée produit ce qu'on pourrait appeler la mémoire involontaire. Certaines de ces formes-pensées sont très actives, soit qu'elles aient été créées sous l'influence d'un sentiment très vif, joie ou douleur, soit qu'elles aient été souvent revivifiées par des évocations répétées.

Jamais le phénomène de la mémoire involontaire n'offre de danger ; le mental en est maître. Tandis que la réapparition trop fréquente de certaines formes-pensées peut produire des désordres mentaux et même la folie, comme dans certains cas d'idées fixes qui, s'emparant du cerveau, finissent par annihiler l'action du mental.

Le phénomène de la mémoire normale semble découler de cet autre phénomène psychologique qui s'appelle l'association des idées. Si nous observons ce qui se passe dans notre cerveau, nous constaterons que les idées paraissent exister chez nous à l'état de repos, et qu'il suffit de certaines causes extérieures et intérieures pour éveiller une idée de l'état de repos et pour la faire entrer en activité.

Quand une pensée entre en activité, elle prend pour ainsi dire corps devant notre intelligence, devient plus nette et plus lucide; mais nous constatons que cette première idée ne persiste pas et qu'elle est remplacée par une autre d'une durée aussi éphémère, qui cède sa place à une troisième idée bientôt chassée par une quatrième; il faut un effort de la volonté pour revenir à l'idée primitive.

Prenons un exemple d'une association d'idées.

L'idée d'un caillou suscitera en moi l'idée d'une plaine aride, la plaine aride celle d'un désert, le désert celle de caravanes; puis de civilisation orientale, de ville engloutie sous les sables, de la succession des âges, de l'origine et des fins de l'humanité.

Deux idées qui se suivent sont à la fois similaires et dissimilaires, se reliant par là à la série postérieure des idées qui forment une même chaîne.

Les associations d'idées qui se déroulent devant

notre mental, suivent un ordre logique qu'il est facile de retrouver; cependant, si notre mental cesse de contrôler les actions du cerveau; ce qui arrive lorsque nous nous trouvons dans cet état qui n'est ni la veille, ni le sommeil, les idées se déroulent d'une façon incohérente, produisant ces étranges groupements qui se succèdent dans le rêve ordinaire.

Comment se produit dans le cerveau physique le phénomène de l'association des idées ?

Deux causes peuvent agir. Il se peut que l'association des idées soit produite par un groupe de formes similaires qui passent devant la conscience physique et impressionnent le mental.

Il se peut aussi que le phénomène soit dû aux rapports qui existent entre certaines localisations cérébrales.

Exemple : je suis mise en présence dans un musée, d'un objet désigné comme appartenant à l'époque de François Ier.

Quand j'ai fait mes études, j'ai appris à plusieurs reprises le règne de ce monarque, d'une façon sommaire d'abord, puis de plus en plus détaillée. Chaque fois que j'ai appris ou récité ma leçon, j'ai impressionné un certain nombre de neurones qui ont pris l'habitude d'entrer en activité en même temps.

Certains neurones ont été impressionnés plus souvent, par exemple ceux qui ont répété à satiété Marignan, Pavie, Bayard. C'est-à-dire les grands faits du règne.

Dès que mon esprit est remis en présence des mots François Ier, les cellules qui ont vibré le plus souvent en accord avec cette impression tendent à rentrer en activité : François Ier amène devant ma conscience Marignan, Pavie, le traité de Madrid; mais si je veux pousser plus loin l'association des idées, et retrouver par exemple, le lieu du combat où est mort Bayard, mes efforts restent vains; je sais que je connais ce nom et je tente de réveiller la cellule qui nécessairement doit en reproduire la vibration.

Impossible, la cellule primitive a-t-elle fait place à une nouvelle qui ignore la vibration Biagrasso, est-elle endormie, a-t-elle oublié? Biagrasso ayant frappé moins souvent mon cerveau que Marignan ou Pavie.

Quand nous avons ainsi un trou dans la mémoire, nous cherchons par l'association des idées à réveiller la cellule intéressée, c'est-à-dire que nous envoyons le courant nerveux dans les différentes directions capables d'influencer la rebelle, et très souvent, nos efforts sont couronnés de succès.

Notre volonté n'est pas toujours en jeu dans le phénomène d'association des idées produit par les cellules nerveuses. Celles-ci entrent très bien en activité sans nous en demander la permission et nous imposent toutes sortes de pensées que souvent nous ne parvenons à dominer, sous l'influence de certains excitants, quand nous sommes en proie à l'insomnie par exemple.

Notre cerveau pour la plupart d'entre nous, n'est pas toujours un instrument docile, nous ne sommes pas maîtres de diriger à notre gré l'activité des neurones; nous ne sommes pas maîtres davantage des formes-pensées qui viennent se refléter devant notre conscience physique. Nous ne savons pas encore dominer cette circulation constante des idées qui s'opère à notre insu.

L'homme très évolué devient le maître absolu des phénomènes intellectuels qui se passent dans son cerveau; il sait à son gré maintenir l'activité de telle cellule, empêcher le courant nerveux de provoquer des idées nouvelles, il sait régir le monde des formes-pensées qui vogue autour de lui. Cette maîtrise ne s'obtient que par un long et constant travail qui affranchit l'homme des entraves que le plan physique apporte à ses facultés.

J'ai essayé de montrer qu'il existait chez l'homme:

1° Une mémoire permanente indélébile et parfaite: la mémoire subliminale de Myers, qui se manifeste, soit chez des sujets anormaux, soit chez les individus très évolués qui sont arrivés à posséder le contrôle absolu de leur être intégral.

2° Une mémoire relative, imparfaite, qui s'exerce sur le plan physique et dont les éléments sont fournis par les contractions des neurones préalablement éduqués.

Ces contractions se produisent : soit sous l'action de la volonté qui cherche à projeter un souvenir retrouvé dans la mémoire intégrale devant la conscience physique après l'avoir revêtu des formes nécessaires à son expression : soit, sous l'influence des formes-pensées créées par les événements antérieurs ; et que le mental reconnaît lorsqu'elles se présentent devant la conscience physique.

Il existe également une mémoire relative qui fonctionne chez les désincarnés, très probablement comme la mémoire physique, et qui ne permet à l'Ego que l'expression d'une partie des acquis de la mémoire intégrale.

Pour que celle-ci se révèle entièrement à l'Ego, il faut que l'homme soit très évolué : la plupart des désincarnés ne se souviennent que des événements relatifs à l'existence qu'ils viennent de quitter.

Avant d'achever cette étude, je voudrais toucher quelques mots de la mémoire chez Dieu et chez le *Logos*[1] d'un système.

Dieu a-t-il une mémoire ? Je ne le crois pas.

Dieu n'est pas un homme agrandi ; Dieu est Dieu, c'est-à-dire il est tout ce que l'homme n'est pas.

Dieu est infini, hors du temps, de l'espace, dans un éternel présent. L'homme est fini, il est dans le temps et dans l'espace, dans un perpétuel devenir.

Dieu seul est réel, seul Il possède en Lui dans leur plénitude, toutes les manifestations de la vie.

---

1. Logos d'un système, grande âme qui anime ce système, âme d'un soleil, d'une planète.

Tous les êtres, quels qu'ils soient, ne font jamais que réaliser partiellement ces pensées complètes, immuables et parfaites qui sont les rayons de l'intelligence divine.

Dieu n'a pas de mémoire, puisqu'Il est dans un éternel présent, et que pour Lui, il n'y a ni passé, ni avenir.

Tout est contenu dans la pensée divine à l'état permanent, depuis la force la plus petite, premier éveil du mouvement au sortir de l'inertie, jusqu'à la force la plus colossale. Il n'y a pas une vibration dont la valeur ne soit établie dans la conception divine de toute éternité.

Mais si nous considérons le Logos d'un système, rien de semblable n'existe plus.

Nous ne sommes plus en présence de la conception subjective et éternelle de tout ce qui est; mais de la réalisation partielle d'une pensée quelconque de l'intelligence divine. Alors nous voyons apparaître le temps, l'espace, la limitation.

C'est la vie objective, relative, imparfaite et successive.

Que nous considérions l'univers le plus vaste ou la plus faible entité, nous assistons à la succession d'un certain nombre de mouvements et de combinaisons de mouvements qui ont une origine, un développement, une suite, et qui ne réalisent jamais qu'une partie de la conception divine intégrale.

Prenons un exemple : La force lumière sur le plan physique. Cette force se manifeste par une

série de vibrations partant de l'obscurité, c'est-à-
dire de l'absence totale de toute vibration lumineuse jusqu'au point où la vibration lumineuse,
franchissant encore un degré du mouvement, cesse
d'être lumière pour donner naissance à une autre
force de la nature. Figurons par un point O l'obscurité, et par deux lignes divergentes l'intensité
croissante du phénomène lumineux : indiquons par

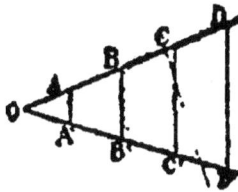

FIG. 11.

les lignes A, B, C, D, des degrés différents dans la
série lumineuse.

Toutes ces manifestations lumineuses sont éternellement présentes à l'intelligence divine qui les
voit devant elle comme vous voyez d'un seul coup
d'œil ce grossier schéma sur le tableau noir.

Mais si nous sortons de cette conception purement subjective de l'intelligence divine, pour nous
reporter au Logos, nous voyons tout de suite que
le phénomène lumineux s'objective. Il se particu-
larise, se limite et se mesure.

Le phénomène lumière devient déterminé dans
sa cause et dans ses effets.

Exemple : La source la plus puissante de lumière
physique est pour notre système : le soleil. Or, le

soleil n'exprime pas la totalité du phénomène-lumière tel quenous venons de le voir à l'état permanent dans la pensée divine ; mais un de ses aspects.

Par exemple la ligne CC, nous en marquera la grandeur.

Cette réalisation a eu un commencement, elle aura une fin ; le soleil est né, il mourra et il ne produira dans le cours de son existence, qu'une série d'effets successifs et déterminés.

Ici, le phénomène-lumière est dans le temps et dans l'espace, il est devenu incomplet et relatif, tandis que dans la pensée divine, il est absolu et éternellement présent.

Toutes les sources de lumière physique que nous verrons luire sur le plan physique de toute éternité ; flamme du foyer, éclat de l'arc électrique, rayonnement des astres, ne manifesteront également qu'une des multiples modalités du phénomène-lumière que Dieu seul possède intégralement, comme Il possède la totalité des forces infinies qui se réalisent ou qui pourraient se réaliser dans le monde. Je dis qui pourraient se réaliser ; car jamais la création n'arrivera à réaliser la totalité des combinaisons conçues par la pensée divine. Le Logos d'un système, qui ne fait qu'interpréter successivement une série de ces forces possède une mémoire ; ces forces se présentant pour lui objectivement dans le temps et l'espace comme elles se présentent pour nous.

C'est pour cette raison qu'on peut retrouver

dans la mémoire du Logos (impressions akashiques) l'histoire de tout le système; c'est-à-dire faire revivre la série des forces partielles qui s'y sont objectivées. Au phénomène de la mémoire se rattache le phénomène de prévoir l'avenir.

Cette faculté consiste-t-elle à lire dans la pensée divine les événements qui doivent se dérouler dans la vie d'un individu, d'une famille, d'une nation, je ne le crois pas. Si les événements à venir étaient fixés de toute éternité; il n'y aurait pour l'homme ni libre arbitre, ni responsabilité; par conséquent ni progrès, ni évolution.

On ne peut trouver ni passé, ni avenir dans l'intelligence divine, puisque Dieu est hors du temps dans un présent perpétuel. Cependant Dieu sait tout et connaît tout, puisqu'Il possède en Lui toutes les combinaisons possibles des forces, aussi bien de celles qui ont été que de celles qui auraient pu être ou seront.

Il n'est pas un de nos gestes, une de nos pensées, un de nos sentiments qui n'aient été prévus par Dieu de toute éternité.

Je vais prendre un exemple très matériel pour bien faire comprendre ma pensée.

Nous attendons un ami qui doit venir nous voir, nous savons que cet ami peut se rendre à notre domicile à pied, en voiture, en omnibus, en métro.

Subjectivement nous avons présents à notre pensée ces quatre moyens de locomotion, comme Dieu possède subjectivement toutes les combinaisons des forces.

Dans la réalité objective, notre ami choisira l'un ou ou l'autre de ces moyens de locomotion.

Subjectivement, nous avons conçu les différentes possibilités qui permettaient à notre ami de se rendre à notre demeure; objectivement, il n'en a réalisé qu'une.

Ainsi nous ne pouvons rien faire que Dieu n'en ait conçu la mesure; mais Il nous laisse la liberté du choix, quitte à nous de constater par l'expérience le bien ou le mal fondé de notre préférence. La loi karmique est là pour nous instruire et nous remettre sur la route. Ni l'avenir, ni le passé n'existent pour Dieu; mais ils existent pour le Logos. Ce Logos a une mémoire qui enregistre les phases successives de l'Univers dont il est le Dieu et qui conserve le souvenir de tous les événements dont cet univers a été le théâtre.

La faculté de prévoir l'avenir procède de la possibilité de mesurer les forces qui concourent à créer la destinée d'un monde, d'une nation, d'une famille, d'un individu.

La destinée qui est la résultante des forces engendrées par un individu ou une collectivité d'individus se déduit du passé.

Ce passé est conservé, soit par les enregistrements de la mémoire intégrale individuelle, soit par les enregistrements akasiques, mémoire d'un astre.

Il est donc possible de déterminer la direction des

forces émises dans le passé et d'en déduire le présent et l'avenir, bien que l'avenir ne puisse être prévu d'une manière absolue, les forces nouvelles bonnes ou mauvaises émises par les individus venant modifier sans cesse la résultante des forces produites antérieurement. Celui qui lit l'avenir des hommes procède comme l'astronome qui annonce par ses calculs les mouvements des astres dans les cieux.

Merveilleuse faculté, la mémoire soit humaine, soit mondiale est la base même de l'Evolution.

Par la conservation indélébile du passé, elle permet d'édifier l'avenir. Elle apparaît dans son impeccable enregistrement comme le livre de vie où l'Humanité inscrit mot à mot son histoire. Les pierres, les objets inanimés même se souviennent et le psychomètre peut retrouver sur une parcelle de substance inerte l'image de toute une époque disparue.

Grande et consolante chose, nul effort, nulle bonne pensée, nul travail humain ne disparaît englouti dans le noir néant de l'oubli.

Le Parthénon peut achever de tomber en poussière, et la poussière de ses dernières pierres peut être dispersée par le vent, éternellement sa parfaite et vivante image subsistera pour glorifier le génie de la Grèce.

La Terre passera, cet univers passera ; mais rien de ce qui a concouru à le former ne sera effacé du livre de vie.

Rien, non rien, ni les bonnes ni les mauvaises pensées, ni les actions saintes, ni les criminelles.

Hélas! nous oublions trop qu'au plus profond de nous-mêmes est un témoin muet et fidèle qui inscrit tous nos actes et qui dans la suite indéfinie des âges, en conservera le souvenir.

Nous verrons disparaître les générations, s'évanouir les Humanités, naître et mourir les Univers; mais le témoin secret ne passera pas.

Pensons souvent au scribe incorruptible qui témoignera pour nous dans le présent et dans l'avenir.

Nous vivons légèrement, insoucieux de nos actes, rejetant ceux qui nous gênent et qui nous font rougir dans les trous noirs de notre conscience où nous les croyons engloutis pour jamais.

Non, rien n'est oublié, tout est là, tout ce triste passé d'erreurs, de fautes et qui sait, de crimes même.

Tournons la page, là sont des feuillets encore vierges, à nous de n'y inscrire que de belles et de bonnes choses. Mais, si nombreuses que soient les pages brillantes du livre de notre vie, nul n'effacera les sombres pages du début.

Béni soit Celui qui dans sa Sagesse nous a donné la mémoire, béni soit le souvenir qui conserve. Ce sont ces tristes pages qui nous enseigneront l'humilité et l'indulgence; par elles, nous apprendrons la pitié. Nos fautes nous enseigneront ce qu'il importe le plus de connaître; elles nous enseigneront la divine compassion.

Le criminel, le méchant, l'ignorant ne sera plus pour nous un être méprisable et abhoré; mais un frère qui lutte contre ces instincts inférieurs que nous avons vaincus.

C'est le souvenir de ce que nous fûmes dans notre passé de ténèbres, qui seul nous donnera cet élan de pitié, cette flamme d'amour qui fera de nous des Christs, et qui nous permettra dans un jour lointain, d'être nous aussi, des Sauveurs de l'Humanité.

TABLE DES MATIÈRES

LA ROCHE-SUR-YON. — IMPRIMERIE CENTRALE DE L'OUEST